明代登科錄彙編五

會試錄序

自
國初來見於著令三歲一行必
于歲首者曰朝覲曰科舉而
已朝覲即古所謂述職當其
時天下有司咸集于京師察
其政績而黜陟之爲吏部事

科舉今所謂會試當其時天
下士子咸集于京師考其文
詞而取舍之為禮部事
皇上御天下之十五年為弘治壬
戌之春朝覲事畢次及科舉
禮部尚書臣傅瀚等上疏言
故事會試當用知貢舉官臣

瀚與左侍郎臣張昇右侍郎臣焦芳各以事不預請簡其人以充於是吏部右侍郎臣王鏊特奉命攝其事臣寬適承乏翰林則命偕侍讀學士臣劉機充考試官其同考試官為侍讀臣白

璣修撰臣朱希周臣倫文敘
編修臣羅欽順臣陳瀾臣葉
褫臣豐熙臣劉龍檢討臣劉
瑞都給事中臣屈伸給事中
臣徐沘員外郎臣張天爵主
事臣楊子器臣冒鸞監試為
御史臣張綸臣余本實餘自

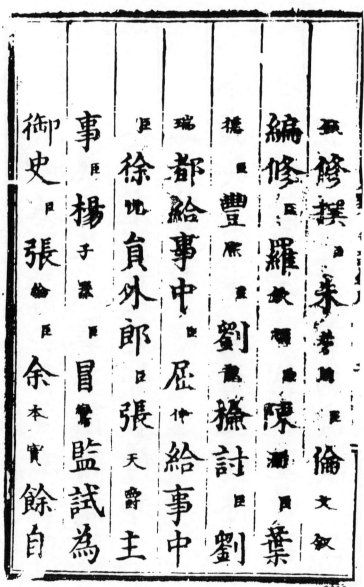

提調以下　於是士
自舉于鄉合累科來試者及
先正[illegible]已[illegible]數于外限年
許復試者[illegible]千七百餘人
論經量地取之必均然亦未
敢專也則具數奏請
聖裁已定始援卷啓封列其名氏

而榜示之又擇程文刻之臣
寬謹序其事盖臣觀于今日
士至數千可謂多矣及所取
士止於三百其數不及什一
亦可謂精矣精則皆其人而
無不得者春秋葵丘之會四
命曰取士必得彼所謂得特

伯者之佐耳卓然
天朝稽古建官惟賢惟能始克任
用其盛與三代並稱何五伯
功利之徒之足云耶然自古
之實與法廢舍德與行惟于
藝而考之文詞亦藝也出于
心思而著為手跡猶夫言也

惟于言而取乃可疑焉蓋昔孔子嘗使門人言志矣他日則曰始吾於人也聽其言而信其行今吾於人也聽其言而觀其行及觀其行矣又曰察其所安以孔子之聖其於人也既聽其言必觀其行既

觀其行又必察其所安乃已今之取士徒據紙上數千言能合乎理通乎政務而文釆可誦以為能盡其人可乎仰

惟

皇祖立法萬世常行而於科舉一事悉罷前代詩賦諸科必以

明經為本端其習尚已為近
古至
廷試復
賜之策問以觀其志既第其人
則授以官授以官則試以事
試以事則考其績其在外服
而來朝者又使各述所職以

察之是故取之於前者雖據
乎文詞考之於後者必本乎
政績實與古數言試功之意
同則其人亦何所掩哉惟今
歲當述職之餘
上特詔吏部進退人才必考驗其
實以為勸懲繼自今凡入官

有異等者必蒙宴賚以榮之且將超遷以顯用之否則黜絕之殆無所容又與古慶讓之意同臣寬幸從史官後敢

特書

聖政于會試錄首以示士子且以播之天下也

正議大夫資治尹吏部左侍
郎兼翰林院學士吳寬謹序

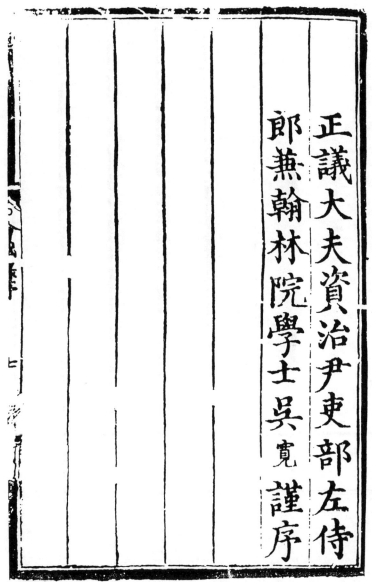

弘治十五年會試

知貢舉官

嘉議大夫吏部右侍郎王鏊 濟之直隸吳縣人 乙未進士

考試官

正議大夫資治尹吏部左侍郎兼翰林院學士吳寬 原博直隸長洲縣人 壬辰進士

翰林院侍讀學士奉訓大夫劉機 世衡順天府大興縣人 戊戌進士

同考試官

翰林院侍讀白鉞 秉德直隸南宮縣人 甲辰進士

翰林院修撰儒林郎朱希周 懋忠直隸崑山縣人 丙辰進士

翰林院修撰倫文敘 伯疇廣東南海縣人 己未進士

翰林院編修文林郎羅欽順 允升江西泰和縣人 癸丑進士

翰林院編修文林郎陳瀾 本初順天府宛平縣人 丙辰進士

翰林院編修文林郎葉德 宗本浙江麗水縣人 丙辰進士

翰林院編修豐熙 原學浙江鄞縣人 己未進士

翰林院編修劉龍 舜卿山西襄垣縣人 己未進士

翰林院檢討徵仕郎劉瑞 德夫四川內江縣人 丙辰進士

承事郎兵科都給事中屈伸 引之直隸任丘縣人 丁未進士

徵仕郎刑科給事中徐忱 克心直隸肅寧縣人 丙辰進士

工部都水清吏司員外郎張天爵 良貴直隸華亭縣人 庚戌進士

承直郎吏部考功清吏司主事楊子器 名父浙江慈谿縣人 丁未進士

承德郎兵部武庫清吏司主事冒鸞 廷和直隸如皋縣人 癸丑進士

監試官

文林郎雲南道監察御史張綸 大經直隸宣城縣人 甲辰進士

文林郎江西道監察御史余李實 誠之四川遂寧縣人 丁未進士

提調官

奉直大夫禮部儀制清吏司員外郎張琮 廷獻應天府江寧縣人 庚戌進士

承德郎禮部儀制清吏司主事唐禎 原善直隸華亭縣人 丁未進士

印卷官

禮部儀制清吏司郎中黎民表 本端湖廣華容縣人 甲辰進士

承直郎禮部儀制清吏司主事劉台 衡仲四川巴縣人 丙辰進士

收掌試卷官

徵仕郎中書舍人李金 宗乾直隸遷安縣人 癸丑進士

儒林郎大理寺左寺左寺副黃琳 六器直隸山陽縣人 生員

受卷官

江西饒州府同知龔仁 良貴雲南太和縣人 甲午貢士

直隸太平府同知孫徽 建美浙江山陰縣人 戊子貢士

福建行都指揮使司斷事司斷事涂如聰 士達廣西蒼梧縣人 甲午貢士

彌封官

廣西梧州府同知馬隆 文吉應天府上元縣人 癸卯貢士

廣西太平府同知方璿 文璣浙江淳安縣人 戊子貢士

湖廣永州府同知汪鉞 德威雲南右衛人 癸卯貢士

湖廣常德府推官甘泉 卓民廣西貴縣人 庚子貢士

廣東廣州府推官林棨 世啟福建莆田縣人 丁未進士

謄錄官

朝列大夫河南汝寧府同知鄧之明 天錫山西曲沃縣人 乙酉貢士

四川重慶府同知張翰　大鳳山西平陸縣人　戊子貢士

雲南石屏州知州李璥　尚寶江西吉水縣人　丁酉貢士

山東萊州府通判姚鳳　廷儀山西壽州人　甲午貢士

對讀官

雲南臨安府同知甘昭　廷望江西豐城縣人　戊子貢士

雲南廣西府同知金信　尚友浙江麗水縣人　庚子貢士

河東陝西都轉運鹽使司副使張璿　衡正直隸南皮縣人　庚子貢士

浙江湖州府安吉縣知縣王瓚　廷器山西翼城縣人　癸卯貢士

巡綽監門官

昭勇將軍保定中衛指揮使劉勛　功南山東壽光縣人

明威將軍保定前衛指揮僉事王祥　廷瑞河南固始縣人

明威將軍保定後衛指揮僉事趙文　宗武直隸雄縣人

懷遠將軍直隸大同中屯衛指揮同知張崇惠　澤之直隸易州人

明威將軍直隸武平衛指揮僉事王溥　濟周福建長樂縣人

明威將軍河南弘農衛指揮僉事王臣　國用直隸永平府人

供給官

奉直大夫禮部精膳清吏司員外郎[illegible]恩　天錫直隸唐山縣人　丁未進士

承德郎順天府通判李彥儀　鳴鳳福建閩縣人　庚戌進士

順天府宛平縣主簿孫輔 廷佐 河南湯陰縣人 監生

順天府大興縣主簿種晁 宗周 直隸平山縣人 監生

第壹場

四書

子在齊聞韶三月不知肉味曰不圖為樂之至於斯也

凡有血氣者莫不尊親故曰配天

方里而井井九百畝其中為公田八家皆私百畝同養公田公事畢然後敢治私事所以別野人也

易

位乎天位以正中也

巽而耳目聰明柔進而上行得中而應乎

剛是以元亨

是故君子居則觀其象而玩其辭動則觀

其變而玩其占

初率其辭而揆其方既有典常苟非其人

道不虛行

書

帝拜曰俞往欽哉

先王惟時懋敬厥德克配上帝今王嗣有令緒尚監茲哉若升高必自下若陟遐必自邇

往敷求于殷先哲王用保乂民汝丕遠惟商耇成人宅心知訓別求聞由古先哲王用康保民

申畫郊圻慎固封守以康四海

詩

麟之趾振振公子于嗟麟兮麟之定振振

公姓于嗟麟兮麟之角振振公族于
嗟麟兮
我覯之子維其有章矣
不解于位民之攸塈
天命多辟設都于禹之績歲事来辟
春秋
鄭伯突入于櫟桓公十五年衛侯入于夷
儀襄公二十五年
齊侯来獻戎捷莊公三十一年

晉侯及楚子鄭伯戰于鄢陵楚子鄭師敗績　公會晉侯齊侯衛侯宋華元邾人于沙隨不見公　公會尹子晉侯齊國佐邾人伐鄭　晉人執季孫行父舍之于苕丘　叔孫僑如出奔齊季孫行父及晉郤犫盟于扈　俱成公十六年

鄭良霄出奔許自許入于鄭　襄公三十年

禮記

貨惡其棄於地也不必藏於己力惡其不
出於身也不必為己
聖人南面而聽天下所且先者五民不與
焉一曰治親二曰報功三曰舉賢四
曰使能五曰存愛五者一得於天下
民無不足無不贍者
樂行而民鄉方可以觀德矣
貴有德何為也為其近於道也

論

養士莫大乎太學

詔誥表內科一道

擬漢戒二千石修職事詔

擬唐加房玄齡太子少師誥

擬講官謝

賜重刋貞觀政要表

判語五條

舉用有過官吏

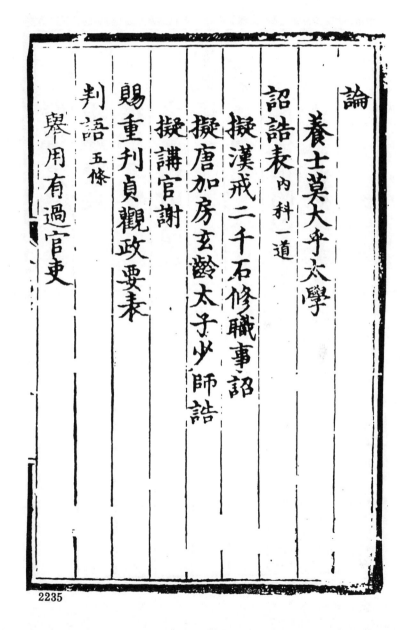

脫漏戶口
沮壞鹽法
擅調官軍
有事以財請求

第叁場

策五道

問後世所以知夫往古者賴有史書之紀
事也然史書之作豈徒紀當時之事而
已盖欲後世考其得失之故以為勸沮

之資庶幾與治同道而亦歸於治耳今
歷代之史具在其行事非不可考然近
而可鑒者莫若宋元曩歲儒臣奉
勑用朱子綱目法修為成書凡當時得失之
故昭然簡册中矣然就宋元較之而元
去我
朝尤近昔漢高帝欲聞陸賈之論秦而賈山
之告文帝必借秦以為說皆以其近而
可鑒也夫歷代之事不能舉以徧問其

試即元之所以失天下我

朝之所以得者著于篇

問士之學于家其素所蓄積苟未得行於

時莫不欲發為言論以自見於世然亦

自重必待上有求之者即有求焉又患

其意之不誠故寧默然自守而已於此

有求之者意亦誠矣使不能盡言而有

所裨益亦失其機而負其君矣以今觀

于漢如申公用趙綰之薦武帝特厚其

禮意而迎之然申公所對止於力行之
一言而無以開發其意及元帝在位徵
貢禹爲諫大夫數虛己以問至禹所對
止於制度賦稅之數事而無以匡救其
失百世之下使人有遺恨焉故君子皆
有說以譏之不知使二人之在當時宜
如何以爲對蓋亦嘗有論之者矣諸士
子其代對之無讓

問文章與時高下昔人有是言也自唐以

来言文章者必曰昌黎韓子及考其時乃在元和長慶之間固不若貞觀之治也貞觀之治幾乎三代至於文章之盛乃在元和長慶之間則所謂與時高下者果可信乎且一時輔成貞觀之治者其人可數及所以起八代之衰顧有待於異日之韓子何耶並韓子而稱者為柳子厚高下之說蓋為子厚而發柳之文章果可以並韓耶夫其人品已不相

類則所以並稱者使能於此遂不暇論其它耶然則文章之為術亦誠陋矣蓋韓雖為學者之所仰而君子亦有譏議之言柳固為士論之所棄而人賢亦有矜恕之意故因論其文章與相與明辨之

問

國家設六部以分理庶政固萬世常行而無弊者也然竊有可疑者略舉一二相與

之夫官制已有定貟銓選之法何前
頹而後壅滯與田糧自有版籍何賦
之入昔有餘而今不足與禮儀定式
吾民共守矣何申明之榜累張而僭踰
日恣莫能改與軍政條例中外咸遵矣
何清理之使迭出而缺伍日甚莫能補
與今之刑罰省於
國初民得自新矣何欽恤之典屢須而犯者
愈衆與今之營造少於

國初民得休息矣何興作之役一舉而人輒
告勞與論者謂人之畏法而事集多在
於更化之時人之玩法而事弛每見於
承平之日是果然歟抑別有其說歟茲
欲上求
祖宗立法之意而復之果何施而可願明言之
問兵資於芻粟乃事之至急不可一日缺
者凡邊方用武之地其蓄積歲有常數
內地之近於邊者其運輸歲有常處必

常使餘數年之積而後可以為國也今邊報方至師旅初興即聞有缺乏之請司國計者亦既奏發帑藏所有以濟之
朝廷更遣大臣往督其事千里輓餽百郡蕭然及無以為策至欲鬻爵以紓其急邇者又勞
宸慮及此以蓄積幾何下詢主者先事豫備其終無策可行乎蓋凡糜費之弊及古今可行之宜能使芻粟常盈士嬉馬騰兵

威克振必有其說矣尙相與議之

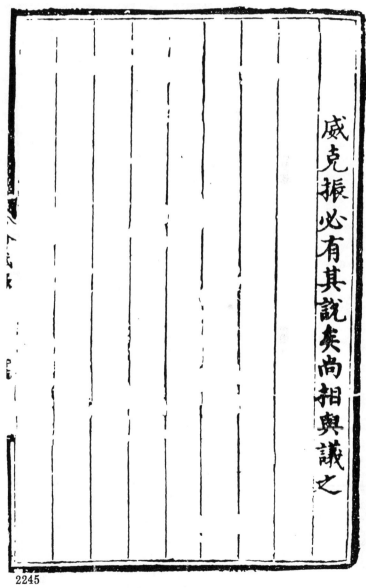

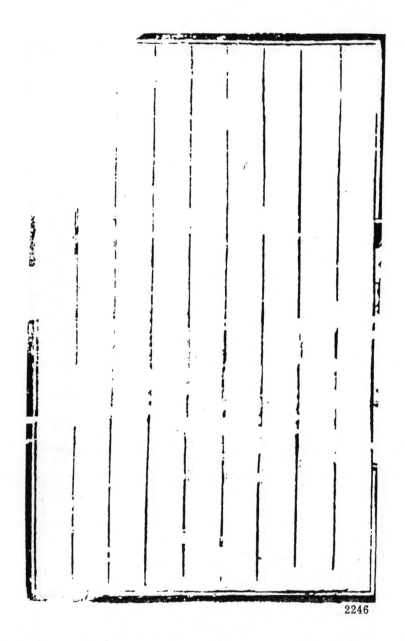

中式舉人三百名

第一名曾鐸　湖廣景陵縣人監生　書

第二名楊果　直隸興化縣人監生　易

第三名郁侃　直隸上海縣學生　詩

第四名畢濟川　江西貴溪縣人監生　春秋

第五名唐胄　廣東瓊山縣人監生　禮記

第六名陸簡　直隸武進縣人監生　詩

第七名李騤　直隸任丘縣人監生　易

第八名溫仁和　四川垂陽縣人監生　禮記

第九名呂夔　江西廣信府永豐縣人監生　書

第十名何棐　直隸泰興縣學生　詩

第十一名張嘉謨　陝西寧夏衛人軍生　書

第十二名王尚絅　河南郟縣人監生　禮記

第十三名徐儁　江西新淦縣人監生　易

第十四名江淙　江西豐城縣人監生　詩

第十五名趙永　直隸臨淮縣人監生　書

第十六名何瑭　河南河內縣學生　詩

第十七名滕霄　瀋陽衛人監生　易

第十八名陳察　直隸常熟縣學生　詩

第十九名張璉　陝西耀州人監生　春秋

第二十名謝袠　四川忠州人監生　詩

第二十一名張芹　江西新淦縣人監生　書

第二十二名盧綸　廣東增城縣人監生　禮記

第二十三名許元奎　浙江海寧縣學生　易

第二十四名陸鰲　錦衣衛人監生　詩

第二十五名歐陽祿　湖廣永明縣人監生　易

第二十六名孫清　直隸武清衛人監生　書
第二十七名胡訓　江西南昌府學生　詩
第二十八名張柱　陝西同官縣學教諭　易
第二十九名洪範　江西金谿縣人監生　詩
第三十名胡煜　直隸歙縣人監生　春秋
第三十一名丁沂　應天府溧水縣學生　書
第三十二名李廷相　順天府學附學生　詩
第三十三名潘希曾　浙江金華府學生　書
第三十四名劉吉　江西吉水縣人監生　易

第三十五名惲巍　直隸武進縣人監生　詩

第三十六名塗文粹　江西靖安縣人監生　書

第三十七名王崇董　江西金谿縣學增廣生　易

第三十八名王之熿　浙江黃巖縣人監生　詩

第三十九名陸鏊　雲南大理衛人監生　禮記

第四十名曾鐸　直隸撫寧縣人監生　書

第四十一名尹[illegible]鑑　榆泉衛人監生　詩

第四十二名張嘉賢　福建漳浦縣儒士　易

第四十三名徐元[illegible]　江西安仁縣學教諭　書

第四十四名黄[illegible]　[illegible]縣學教諭　易

第四十五名馬文　湖廣永興縣人監生　詩

第四十六名鄭選　河南光州學生　易

第四十七名鍾文際　福建長汀縣人監生　詩

第四十八名林茂達　福建莆田縣人監生　書

第四十九名張禬　順天府平谷縣人監生　書

第五十名葉釗　江西豐城縣學生　易

第五十一名鄭裕　四川內江縣人監生　詩

第五十二名朱袞　湖廣永州衛人監生　禮記

第五十三名萬斛　四川崇慶州人監生　書

第五十四名葉相　直隸江都縣人監生　詩

第五十五名陳寧　福建晉江縣學增廣生　易

第五十六名張龍　太醫院籍監生　書

第五十七名董鉞　陝西長安縣人監生　詩

第五十八名李元吉　山東堂邑縣學生　易

第五十九名張岐　江西鄱陽縣人監生　詩

第六十名俞泰　直隸無錫縣學附學生　書

第六十一名鍾紹　廣東東莞縣學增廣生　春秋

第六十二名藍郁　直隸鹽城縣人監生　詩

第六十三名林焌　福建閩縣人監生　易

第六十四名虞夔　直隸金壇縣人監生　書

第六十五名蔣瓊　順天府學增廣生　詩

第六十六名凌雲翰　應天府上元縣人監生　易

第六十七名嚴紘　應天府江浦縣人監生　詩

第六十八名許瀚　福建莆田縣學生　書

第六十九名符樂　江西新喻縣人監生　禮記

第七十名朱昴　直隸華亭縣學生　詩

第七十一名楊節　錦衣衛人監生　書

第七十二名胡鎮　江西高安縣人監生　易

第七十三名王納誨　陝西長安縣人監生　詩

第七十四名劉天麒　廣西桂林右衛人監生　易

第七十五名劉布　直隸蘇州府學生　詩

第七十六名方進　直隸婺源縣學生　書

第七十七名張賢　河南睢州人監生　春秋

第七十八名薛金　直隸江陰縣人監生　詩

第七十九名李璋　錦衣衛籍監生　易

第八十名顧燁　浙江嘉興縣人監生　書

第八十一名楊一鈞　四川縣人監生　詩

第八十二名陳炫　廣東南海縣人監生　易

第八十三名徐天澤　順天府學附學生　禮記

第八十四名曹岐　錦衣衛人監生　詩

第八十五名劉儒　山東恩縣人監生　書

第八十六名董灌　福建泉州府學生　易

第八十七名姚鵬　浙江崇德縣學生　詩

第八十八名周禎　浙江山陰縣人監生　書

第八十九名張瀾　河南洛陽縣人監生　詩

第九十名葉良　浙江麗水縣人監生　易

第九十一名李伸　陝西三原縣學增廣生　詩

第九十二名章寓之　四川嘉定州人監生　書

第九十三名汪鋐　直隸婺源縣人監生　春秋

第九十四名何亮　山東登州衛人監生　易

第九十五名黃體行　福建莆田縣學增廣生　詩

第九十六名張廷槐　浙江永康縣學訓導　書

第九十七名朱袞　常州左屯衛人監生　詩

第九十八名何詔　廣東順德縣人監生　易

第九十九名李奎昭　江西新喻縣人監　詩

第一百名周用　直隸吳江縣學附學生　書

第一百一名戴敔　廣東新會縣學教諭　禮記

第一百二名王釆　直隸華亭縣人監生　詩

第一百三名歐陽詰　湖廣應城縣學教諭　易

第一百四名孫昂　陝西高陵縣人監生　書

第一百五名王顯道　直隸盤山縣人監生　詩

第一百六名吳允禎　廣東南海縣人監生　易

第一百七名沈炤　直隸嘉定縣人監生　詩

第一百八名葉鳳靈　江西新城縣學教諭　書

第一百九名汪皐　順天府香河縣人監生　易

第一百十名程雲鵬　四川南充縣人監生　詩

第一百十一名朱嘉會　直隸寶應縣人監生　書

第一百十二名蘇時秀　廣西貴縣人監生　春秋

第一百十三名黃宏　應天府六合縣學生　詩

第一百十四名范嵩　福建甌寧縣人監生　易

第一百十五名王鉉　遼東定遼左衛人監生　詩

第一百十六名何景明　河南信陽州人監生　書

第一百十七名區玉　廣東番禺縣人監生　易

第一百十八名吳闓　直隸泰興縣人監生　詩

第一百十九名曹劬　四川巴縣人監生　禮記

第一百二十名陳霆　浙江德清縣學生　書

第一百二十一名臧端明　廣東饒平縣人監生　詩

第一百二十二名李溥　直隸太湖縣人監生　易

第一百二十三名馮志　浙江慈谿縣人監生　詩

第一百二十四名危行　福建邵武縣人監生　書

第一百二十五名許諫　河南河南衛人監生　詩

第一百二十六名劉悅　湖廣江陵縣人監生　易

第一百二十七名周鑰　廣東海陽縣人監生　春秋

第一百二十八名謝廷瑞　福建長樂縣人監生　詩

第一百二十九名王鍇　遼東定遼中衛人監生　書

第一百三十名何遲　浙江建德縣人監生　易

第一百三十一名查約　浙江海寧縣人監生　詩

第一百三十二名劉瑯　南京錦衣衛人儒士　書

第一百三十三名趙祜　直隷長垣縣學增廣生　易

第一百三十四名唐懽　直隸松江府學增廣生　詩

第一百三十五名胡軒　浙江餘姚縣人儒士　禮記

第一百三十六名張天錫　順天府霸州人監生　書

第一百三十七名王廷相　河南儀封縣人監生　詩

第一百三十八名顧棠　直隸吳縣人監生　易

第一百三十九名潘珍　直隸婺源縣人監生　書

第一百四十名鄧翰　四川內江縣人監生　詩

第一百四十一名梁喬　福建上杭縣人監生　易

第一百四十二名王宗　騰驤左衛籍監生　春秋

第一百四十三名　曾直　江西吉水縣人監生　詩

第一百四十四名　白思誠　山西平定州人監生　書

第一百四十五名　田紱　湖廣松滋縣人監生　詩

第一百四十六名　孫洿　山東魚臺縣學生　易

第一百四十七名　吳鉞　江西崇仁縣人監生　書

第一百四十八名　王彬　直隸祁門縣學生　詩

第一百四十九名　郭[illegible]　河南寧陵縣人監生　禮記

第一百五十名　洪[illegible]　福建晉江縣人監生　易

第一百五十一名　陳[illegible]　山東臨清衛人監生　詩

第一百五十二名 雷宗 直隸隆慶衛人監生 書

第一百五十三名 李春芳 廣東海陽縣人監生 春秋

第一百五十四名 蕭景 直隸鎮江府學生 詩

第一百五十五名 金賢 應天府學生 易

第一百五十六名 何義 直隸涿鹿左衛人監生 詩

第一百五十七名 張騰霄 四川銅梁縣人監生 書

第一百五十八名 劉經 山東恩縣人監生 易

第一百五十九名 朱儼 福建莆田縣學增廣生 詩

第一百六十名 鄭濬 福建閩縣人監生 禮記

第一百六十一名沈欽　浙江山陰縣人監生　書

第一百六十二名高嶼　順天府學附學生　詩

第一百六十三名何士麟　廣西蒼梧縣人監生　易

第一百六十四名戴書　湖廣崇陽縣人監生　詩

第一百六十五名周舉　山東鄆城縣人監生　書

第一百六十六名李學曾　廣東茂名縣人監生　易

第一百六十七名姚隆　燕京留守後衛人監生　詩

第一百六十八名張元春　江西新建縣人監生　春秋

第一百六十九名高壇　浙江山陰縣人監生　書

第一百七十名張雲鵬　雲南太和縣人監生　詩

第一百七十一名康紀　江西泰和縣人監生　易

第一百七十二名徐麟　錦衣衛人儒士　書

第一百七十三名鄭約　廣東南海縣學增廣生　詩

第一百七十四名訾綬　山西朔州人監生　禮記

第一百七十五名李際可　直隸故城縣人監生　易

第一百七十六名舒晟　江西安仁縣人監生　詩

第一百七十七名盧學書　江西臨江府學生　書

第一百七十八名臧鍾　直隸崑山縣學增廣生　易

第一百七十九名康海　陝西武功縣人監生　詩

第一百八十名何紹正　浙江淳安縣人監生　春秋

第一百八十一名東野　陝西華州學增廣生　書

第一百八十二名侯自明　陝西白水縣人監生　詩

第一百八十三名師夔　陝西長安縣人監生　易

第一百八十四名吾翯　順天府文安縣學教諭　書

第一百八十五名黃河清　福建南安縣人監生　詩

第一百八十六名曾大顯　[illegible]貴州府學增廣生　禮記

第一百八十七名劉[illegible]　[illegible]晉江縣人監生　易

第一百八十八名于[illegible] [illegible]仁縣人監生 詩

第一百八十九名田[illegible] 錦衣衛人監生 書

第一百九十名何淳 廣東廣州府學生 易

第一百九十一名萬英 順天府順義縣人監生 詩

第一百九十二名姚欽 順天府學生 春秋

第一百九十三名張萱 直隸上海縣人監生 詩

第一百九十四名武思明 山西陵川縣人監生 書

第一百九十五名陳鼐 直隸遷安縣人監生 易

第一百九十六名顧英 浙江慈谿縣人監生 詩

第一百九十七名陳義　廣東饒平縣學增廣生　書

第一百九十八名張雲　河南信陽衛人監生　禮記

第一百九十九名王材　直隸望江縣人監生　詩

第二百名李璽　浙江遂安縣人監生　易

第二百一名王注　浙江[illegible]縣人監生　書

第二百二名羅鍪　浙江慈谿縣人監生　詩

第二百三名林墅　直隸[illegible]府學增廣生　易

第二百四名曹堤　錦衣衛人監生　春秋

第二百五名楊恭　府軍左衛人監生　詩

第二百六名顧[illegible] 浙江海寧縣人監生 書

第二百七名鄧[illegible] 錦衣衛人儒士 易

第二百八名蔡[illegible] 江西高安縣人監生 詩

第二百九名王賓 順天府三河縣人監生 書

第二百十名毛[illegible] 浙江餘姚縣人監生 禮記

第二百十一名蘇琳 浙江東陽縣人監生 詩

第二百十二名安佛 四川嘉定州人監生 易

第二百十三名卞語 浙江嘉善縣人監生 書

第二百十四名賀洪 旗手衛人儒士 詩

第二百十五名張諧　福建閩縣人監生　易

第二百十六名吳便　浙江山陰縣人監生　詩

第二百十七名楊欽　直隸廬州府學生　書

第二百十八名成文　山西山陰千戶所人監生　春秋

第二百十九名張鉞　山西夏縣人監生　詩

第二百二十名蘇仲　廣東順德縣學生　易

第二百二十一名郝夔　山西平定州人監生　書

第二百二十二名陳寶　廣東瓊山縣學生　詩

第二百二十三名甯溥　太醫院籍監生　易

第二百二十四名　喬岱　山東章丘縣學生　禮記

第二百二十五名　霍恩　直隸易州學官生　詩

第二百二十六名　丘世喬　廣東海陽縣人監生　書

第二百二十七名　梅珂　直隸蕪湖縣學生　易

第二百二十八名　吳玉榮　山西太原左衛人監生　詩

第二百二十九名　原軒　山西陽城縣人監生　書

第二百三十名　俞文璧　四川眉州人監生　詩

第二百三十一名　陸健　浙江鄞縣人監生　易

第二百三十二名　黃既古　廣東東莞縣人監生　春秋

第二百二十三名徐問　直隸武進縣學附學生　詩

第二百二十四名楊瑋　廣東揭陽縣人監生　書

第二百二十五名徐暹　山東歷城縣人監生　易

第二百二十六名陳霄　山東曹州學生　詩

第二百二十七名董雲　直隸安肅縣人監生　書

第二百二十八名[illegible]　直隸宜興縣人監生　詩

第二百二十九名葉遷　浙江上虞縣人監生　易

第二百四十名王[illegible]　湖廣黃岡縣人監生　禮記

第二百四十一名王[illegible]　浙江諸暨縣學生　詩

第二百四十二名林晉　福建莆田縣人監生　書

第二百四十三名吳祺　直隸滁州學學正　詩

第二百四十四名張秉清　直隸永平衛人監生　易

第二百四十五名呂浩　浙江嘉興縣人監生　書

第二百四十六名梁錦　河南臨潁縣人監生　詩

第二百四十七名歐陽恂　江西安福縣人監生　春秋

第二百四十八名林塾　福建興化府學生　書

第二百四十九名談倫　四川隣水縣人監生　易

第二百五十名仇惠　直隸新安縣人監生　詩

第二百五十一名陳畝　四川永川縣人監生　書
第二百五十二名李深　金吾右衛人監生　易
第二百五十三名吉時　陝西長安縣人監生　詩
第二百五十四名沈應經　浙江餘姚縣人監生　易
第二百五十五名朱紘　直隸無錫縣學附學生　詩
第二百五十六名李貫　福建晉江縣人監生　易
第二百五十七名鍾相　湖廣興國州人監生　詩
第二百五十八名涂敬　江西豐城縣儒士　書
第二百五十九名薛价　山西蒲州人監生　易

第二百六十名陳璧 山西太谷縣人監生 詩

第二百六十一名李陽春 四川渠縣人監生 春秋

第二百六十二名廖俊 錦衣衛人監生 書

第二百六十三名項臣 順天府順義縣學教諭 詩

第二百六十四名韓士奇 山西洪洞縣人監生 易

第二百六十五名施訓 四川重慶府學生 書

第二百六十六名殷鏊 南京羽林左衛人監生 詩

第二百六十七名黃堂 浙江餘姚縣人監生 易

第二百六十八名吳儀 河南衛輝千戶所人監生 禮記

第二百六十九名張潤 山西臨汾縣人監生 詩

第二百七十名劉琛 陝西西安前衛人監生 易

第二百七十一名錢如京 直隸桐城縣人監生 詩

第二百七十二名熊紀 河南南陽縣人監生 書

第二百七十三名卞思敏 直隸江陰縣人監生 詩

第二百七十四名李津 廣東四會縣人監生 易

第二百七十五名劉時望 江西安福縣人監生 春秋

第二百七十六名蘇乾 直隸隆慶州學生 詩

第二百七十七名李鑑 直隸灤州人監生 書

第二百七十八名　劉諧　江西吉水縣人監生　詩

第二百七十九名　馮寓　山西文水縣人監生　易

第二百八十名　宇文鍾　山西榆次縣學教諭　詩

第二百八十一名　丞雲　山東諸城縣人監生　禮記

第二百八十二名　樂頀　江西臨川縣人監生　詩

第二百八十三名　宋晃　浙江餘姚縣人監生　易

第二百八十四名　毛思義　山東陽信縣學生　詩

第二百八十五名　祝濂　江西玉山縣人監生　書

第二百八十六名　李錫　順天府東安縣學生　詩

第二百八十七名鄭信　山東東平州人監生　詩

第二百八十八名盧英　四川崇慶州人監生　易

第二百八十九名蔡銓　河南祥符縣人監生　詩

第二百九十名王鑾　河南襄城縣人監生　詩

第二百九十一名石邦柱　廣西蒼梧縣人監生　易

第二百九十二名祁敏　廣東東莞縣人監生　春秋

第二百九十三名屈銓　陝西蒲城縣人監生　詩

第二百九十四名章拯　浙江蘭谿縣學生　易

第二百九十五名許鳳　山東章丘縣人監生　詩

第二百九十六名劉安　山西大同縣人監生　易

第二百九十七名孫偉　江西清江縣學生　詩

第二百九十八名上官崇　江西吉水縣人監生　詩

第二百九十九名方天雨　浙江淳安縣人監生　春秋

第三百名李鐸　山東萊陽縣學生　詩

第壹場

四書

子在齊聞韶三月不知肉味曰不圖爲樂之至於斯也

張畀

同考試官編修葉 批 詞音沖澹究知古樂知音者當自得之

同考試官編修陳 批 聖人學樂性情正不易言也篇詞氣舂容若親炙孔門而得其聲

歎者可以一唱而三歎矣

同考試官修撰朱　批　聖人獨得之趣發揮殆盡其所見亦深矣

考試官學士劉　批　詞簡意足可取

考試官學士吳　批　語雅可觀不類他作

聖人寓鄰國而聽古樂學之久也專稱其美也至夫古樂莫美於韶也觀聖人所以學之與所以稱之者則聖樂之美聖心之誠皆可見矣昔樂有名韶者乃帝舜之所作者也後千餘年列

國惟齊能傳其樂孔子在齊適聞其音想其慕舜之德其心已極於平日聞舜之樂其身如在於當時故不徒聽之以耳而實契之以心於凡鳴球琴瑟之類其聲之依永者無不習以至鼗鼓笙鏞之屬其音之克諧者無不考蓋學之不厭也至于三月之久而好之甚專也本乎一心之誠故當食之際雖肉味有不知其為美者何也其心在於樂則發憤至於忘食之勤其志好乎古則終日且有不食之篤彼芻豢何物果足

以悅我口耶夫既學之而有所得則稱之自不
能已盖謂舜之樂昔嘗識之於書如后夔之所
典者以為猶夫樂也今習其度數不意若此其
美則其聲之感召真可致神人之協和也舜之
樂吾嘗聞之於人如季札之所言者以為猶夫
樂也今考其節奏不意若此其盛則其德之廣
大信有如天地之覆載也其感歎之意溢於言
表如此然則韶非舜不能作亦非孔子不能知
彼端冕而聽古樂惟恐卧者可以語此也哉抑

孔子於韶此既稱之他曰又謂其盡善盡美又
答顏淵為邦之問又曰樂則韶舞其得於韶者
深矣夫韶何以至此盖功成而樂作德盛而樂
和舜紹堯之統以重華之德而成咸寧之治功
德之盛盖無以加者其樂之美之本在於此歟
凡有血氣者莫不尊親故曰配天

同考試官都給事中屈 批 場中作者於
血氣處易俗配天處難為言此作辭雅意完白

是健筆

同考試官檢討劉　批　此題似易而實難蓋

聖人之大難言也書形容者惟此作得之

同考試官編修羅　批　說理文字難為措辭

作者多冗雜可厭惟深與重無如此篇

考試官學士劉　批　講配天處切實當是作

手

考試官學士吳　批　此題卒能作語不繁冗

如此篇者亦少

觀聖德之感於人者同歎聖德之及於人者大
甚矣聖德之盛無以加也極天下之人皆感其
德則德之所及豈不與天同其大哉見於中庸
三十一章者首言天下至聖之德次及民之敬
信且說矣至此又極言其盛以為天下莫是之
大也凡有血氣者其人若是之多也莫尊如君
皆曰聖人吾君也相率服從而不違所以尊之
者無異詞即所謂天子為天下君者也尊親如
父母皆曰聖人吾父母也相率承順而無違所

以親之者皆一心即所謂天子作民父母君者也
邦畿之人在於千里之內尊親之可也要荒之
人亦尊親之無所不載之人在於五服之中尊親之
可也蠻貊之人亦尊親之其德之所感至極天
下無不同者然則聖人之德亦將何以擬諸其
形容哉高高在上無不覆幬者天也聖人之德
於天所覆幬之地既無不至則天雖大也不與
之合乎惟與天合彼他物之大者皆不足言矣
蕩蕩惟大無不包含者天也聖人之德於天所

包含之處亦無不被則天雖廣也不與之對乎惟與天對彼他物之廣者亦不足言矣夫聖人之德其廣大如此自非達而在上之聖人烏足以當之而能當之者惟堯舜之聖乎向非子思子之知德曷能言之至此哉蓋聖人於天其形體雖不同其德之大則同故子思子之論聖人多以天為喻前言聖人至誠必曰高明配天後言聖人至誠復曰浩浩其天蓋非天不足以形容其德也噫盛矣蔑以加矣

方里而井井九百畝其中為公田八家皆私百畝同養公田公事畢然後敢治私事所以別野人也

鄭僎

同考試官主事楊　批　寓出當時井田形體制度鑿鑿胷中經畫已見大槩且一結議論甚高讀之轉有精彩

同考試官員外郎張　批　此篇井田之制區畫詳明如親受孟子之教者其亦有志三代之

治而嘗究心焉者歟

同考試官編修豐　批　孟子此節文法最妙語錄中自有條理是篇布置井井下語不凡素熟孟而有得者

同考試官侍讀白　批　通篇不甚長而頭緒頗多要曰如此纔者華本時矣

考試官學士劉　批　述得古人助法意思精詳可嘉

考試官學士吳　批　敘事詳明

田制有公私而均授於人農功有先後而因辨其人盖井田之制內公而外私也治田者先公以供其上而後及其私則上下之分不於此而辨哉昔孟子嘗勸滕文公行井田之法及是公復使其臣畢戰來問因以周之助法告之盖謂井田之法乃郊外可行者於凡地方一里制其地以為一井而每井共有九區焉畫其地以為九區而每區各為百畝焉合九區之地凡得九百畝以為井田之制計一井之中凡得百畝則

有公田之名故以其外八百畝分授乎野人而
爲恒產則野人固以力耕爲業者必使八家各
私其地以自耕焉以其中百畝專給乎君子而
爲常祿則君子不能並耕而食者必使八家同
出其力以助耕焉夫田制既有公私之分而治
田亦有先後之序蓋公田君子之所有也君子
在上以食於人者不先治其田可乎惟先治其
田則君子之分秩然以明矣私田野人之所有
也野人在下以食人者當後治其田可也惟後

治其田則野人之等截然以分矣是則田有內
外而其名有公私名有公私而其功有先後功
有先後而其分有上下井田一行寓意委曲周
之助法可謂善矣大抵取於民者莫善於助此
殷人之所已行而孟子嘗舉以告文公者也惜
乎當時諸侯厲民以自養者皆去其籍然而井
田遺迹或有存者故孟子特以其大略為言使
滕之君臣潤澤而行之庶幾仕者有常祿而民
有恒產上下相資猶先王之世也後世有廢其

制而開阡陌者其迹既蕩然無存吾夫泥古之
人必欲復商周之舊者又豈得孟子之意哉

易

是故君子居則觀其象而玩其辭動則觀
其變而玩其占

[illegible]

同考試官[illegible]批　[illegible]本[illegible]學作者不完
[illegible]而條理秩然故
[illegible]之

同考試官修撰陳 批 理學文字下筆便難此篇發揮詳盡不落蹊徑組織明瑩僅見此篇耳

同考試官修撰秦 批 理象辭變占有條有要君子學易之要而能發揮學易者也

考試官學士劉 批 發君子動靜無不學易處處精當

考試官學士吳 批 學易之功寫之詳盡

大傳論君子靜以學易之體動以學易之用蓋易具乎象辭而顯於變占者也君子由靜而動

舉無所違學易之功至矣何則易非聖人不能
作亦非君子不能學是故易有象而後有辭象
在理而未形於事辭在易而未告於人君子以
爲靜而不學何以立制事之本乎故卦爻之象
有得失焉而度事理之會通有憂虞焉而明時
義之可否觀乎象矣辭則因象而繫著也於是
隨吉凶之旨而精思其所由即悔吝之文而研
審其所自夫然則能說諸心而易之體於我乎
立矣筮有變而後有占變以象未定之象占以

决所值之辭君子以為動而不學何以考窮理之驗乎故著卦之動有變化焉而參伍其策以求老少之端有剛柔焉而錯綜其數以究動靜之極觀乎變與占則因變而决者也於是值夫吉也而審其所當趨值夫凶也而察其所當避夫然則能研諸慮而易之用於我乎行矣動靜不違體用兼備君子學易之功何以加於是哉抑論之易者義理之原而象數之宗也聖人極深而辭占為至精研幾而象變為至變所以然

者莫非三極之道以為之根柢也君子靜存動
察之學無不本於是有由然哉
初率其辭而揆其方既有典常苟非其人
道不虛行

儀果

同考試官編修葉　批　明淨無疵而旨趣悠
遠講道不虛行處體認真切錄之以示汶汶者

同考試官編修陳　批　此題本二句乃夫子
嘆賢為人處學者雖然類以陳言取足篇數而已竟

何益哉獨是作不求跌常意見自別可與知者
道也
同考試官修撰朱 批 易之與常因占以示
而非其人即占者而言此作前後相應深得聖
人本意異乎騁浮辭者矣
考試官學士劉 批 造語精切非學易有得
者不能
考試官學士吳 批 易學精深讀此藝可見
矣

得易之定理有所由體易之能事有所待夫道待人而行也尚矣所求有見而體之尤不易焉聖人望乎人者如此其意以為易雖妙於無方道則顯於有定是故極天下之賾者存乎卦卦之辭述之寓也識其而有所值焉於是循緒而繹其理斯道也有不因辭以顯者乎鼓天下之動者存乎爻爻之辭理之具也引象而有所告焉於是引端而見其說斯理也有不因爻以宣者乎消息盈虛之無常而貞夫一理之臨之實

有典而可循矣是趨存亡之交審而行夫典禮
於會通之實有常而可踐矣夫準理定豈占而德
則存乎人必其神明内蘊焉信表裏通之宜而
道斯行也苟非其人則見之不的而常昧於所
從神化内融默成夫感通之妙而遺器疑也苟
無其德則守之不力而每感於所向如消息盈
虛之理惟君子為能體焉此之否則與之有常
無益也道之可以屢行乎哉進退存亡之道唯聖
人為能不失其正否則求之有定無補也道可

以徒行乎哉吁求道為易見體道為難能大傳
之旨微矣抑此章之義論易之不可遠也其警
乎人若切而深望之也也彖固有旨矣後章復
曰人謀思之謀之注無之得無異乎蓋原作易之
意之八皆可得之論體易之功非聖人不能盡
也夫子曰微哉幹乎卒以學易無過其深有得
於道也矣

書

帝坪习俞生謹底

會錄

同考試官右春坊中允　批　最是君臣相
貞二者之體難於措畫此作也

同考試官檢討劉　批　題中作此題者往往
冗雜要於中節而無寬裕出處之氣象者僅見此

卷

同考試官編修鄒　批　題僅數言體宏而措
辭要之學者當見固難盡得聖人之心場中多
據屬敷發揮大意良是惟此篇詞無瑕類詮

之

考試官學士劉　批　有賡君臣儆戒之意寔

然如見

考試官學士吳　批　以歌詞貫穿成文甚妙

聖君重禮乎大臣然其賡歌之言勉以就職之

道蓋賡歌而欲責難於君大臣之爲意至矣聖

君既重其禮而然其言得不以臣道之當敬者

勉其就職也哉昔帝舜於皐陶聞其賡歌之言

感其責難之意位若是其尊也不覺屈體而應

于上所以拜之者非苟具拜手之恭禮若是其嚴也自尔降等以施於下所以拜之者非報其稽首之敬其意以為元首明則股肱良而庶事康此尔作歌以勸我者誠哉良而康者由於君之明其言不可誣也元首叢脞則股肱惰而萬事墮此尔作歌以戒我者信哉惰而墮者由於君之叢脞其言不可易也然而我之居於位而為元首者固當念乎君道之難尔等往治其職而為股肱者亦知臣道之難乎其必敬以撫乎

五辰於上之率作當無方命之愆使吾所謂起
者眞有喜而倡之於下者則百工不于敬而熙
乎又必敬以亮乎天工於上之省成皆有底可
之績使尒所謂明者眞有良而從之於後者則
庶事不于敬而康乎夫然則君臣之間交盡其
道而勑天之命惟時惟幾者蓋在於此豈不保
其治於無窮也哉大抵天下治忽繫於君臣之
心敬與不敬耳敬則治不敬則忽此必然之理
也有虞之時欽哉之戒見於言者不一而足及

此皐陶不敢以其君為己聖而欽哉之戒而發於賡歌之先帝舜亦不肯以其臣為己賢而欽哉之戒特申於飭遣之際當時致治之盛所以為不可及已後世君臣欲與治同道者必將有感於斯

往敷求于殷先哲王用保乂民汝丕遠惟商耇成人宅心知訓別求聞由古先哲王用康保民

張嘉謨

同考試官都給事中屈　批　虞謹二題語詳穩而意有在連日閱卷類多浮冗此篇分析有法略無費辭錄之以式治經者〻

同考試官檢討劉　批　政與學本無二理式主意正如此此作發揮獨出故錄之

同考試官編修羅　批　稽古明德夫人能言之失在用事多而用工覆及暴此篇特為簡當宜在所取

考試官學士劉　批　措詞嚴整寫出當時諸

意可取可敎

考試官學士吳　批　得武王命康叔之意

聖君命賢侯之國欲其博學於古以施治於今也蓋治民未有不本於明德者也然欲明德而學諸古者不博亦何以施於治哉昔武王命康叔而告之者蓋如此意謂明德者治民之本博學者明德之方汝今之國不但祗述我周文考而已彼商先哲王不有如成湯高宗者乎言其明德若克寬克仁不敢荒寧可謂至矣汝今敷

而廣求之用以施於教所以保治乎殷民者
一德化之流行而無愧焉又豈但敷求商先哲
王而已彼商耇成人不有如伊尹傅說者乎言
其明德若咸有一德朝夕納誨亦可謂至矣汝
則大而遠矣之用以康其心志所以訓迪乎殷
民者一德與之並皆而無忝焉商先哲王與商
耇成人亦所而有法者也於古先哲王又當別
求所聞者古王其德著者夏禹焉其德則克勤
克儉祗之德學墨也高其德而康保乎民以成

漸被之化可也有若堯舜禹湯[illegible][illegible]克明峻德
帝德罔愆是已由其德而安輯乎民以致雍熙
之治可也是則日敬求日丕遠由別求欲其博
學于古日保乂日知訓日康保欲其施政於今
武王之教康叔所謂盡矣抑猶未也又自孔子
天君德裕乃身蓋有國者固當取古人之書以
資其治尤必廓此心之天以裕其身不然徒知
博學於外而不能反求於內其治亦不古若且
終於廢王命而已此固論明德者之所當知

詩

麟之趾振振公子于嗟麟兮麟之定振振公姓于嗟麟兮麟之角振振公族于嗟麟兮

郁佩

同考試官主事楊　批　他作皆執泥主意而事重文王后妃蹈襲舊格而不知融會經傳說理詳盡措辭檃括無逾此篇

同考試官員外郎張　批　文王未嘗稱王

十二

明載與籍作者不能脫去故習往往外說且講

仁學蠹亦矣本旨此作一洗凡陋允宜高薦

同考試官編修豐 批 題易作而難於整潔

能融會經傳盡脫舊俗若獨此為最

同考試官侍讀白 批 題為二南冠冕人固

知之至於體貼詳明一掃舊習外此不多見也

考試官學士劉 批 詩義貴一倡三歎此作

得之

考試官學士吳 批 得朱傳意而詞氣諧之

更可誦也

詩人歷興聖化之行於一家歷嘆聖瑞之萃於一家夫舉一家而仁厚固足以見聖化之深而其瑞之在是也又豈不可見哉昔文王后妃德脩於身而子孫宗族皆化於善詩人託麟以興之若曰物有仁厚之性者莫如麟以言其趾則不踐生物也惟我公子薰陶於宮壺之化久矣故德脩罔覺而振振其仁厚焉夫麟固太平之象也而此公子者蓋亦天地儲祥以啓興王之

符于嗟乎是即麟也而何形之拘哉不特此耳
物有仁厚之性者莫如麟以言其額則不抵乎
物也惟我公孫漸染於家庭之化深矣故善積
厥躬而振振其仁厚焉夫麟固治世之徵也而
此公孫者盖亦山川鍾秀以兆文明之運于嗟
乎是乃麟也而何狀之計哉不寧惟是彼遇物
不觸而因其性者又麟之角也此振振仁厚而
化於善者非公族乎夫麟不恒出出則為王者
之瑞舉族鄉方足以當之于嗟乎公族其麟哉

而形之不類亦有所弗論矣是則文王雖未王
也而道則無愧子孫宗族雖非麟也而瑞則不
殊爲此詩者其眞有所見乎抑論之周家王業
之興固本於文王之聖而后妃之助亦不可誣
故序者以此詩爲關雎之應及觀武王成王之
爲君周公召公之爲臣相與圖治以衍八百年
之祚則所謂興王之符者可驗矣後世有不務
修德而徒好物之祥瑞宜其享國之不逮也歟

不解于位民之攸墍

何棐

同考試官主事楊　批　筆力轉摺處有敢言直諫意思

同考試官員外郎張　批　此作敷衍雍容忠愛之意溢於言表古人諷諫之體子具得之

同考試官編修豐　批　此詩人告君終篇縈切處意思幾轉作者互有疎漏明盡如是篇者亦罕矣

同考試官侍讀白　批　發揮詩人宛轉稱消

考試官學士劉　批　樂以章德頗能寫之矣

揮明白僅見此作

考試官學士吳　批　樂最難言此作可謂能

達其蘊者

即樂化之大成見君子之深蘊夫樂者德之華也然則民感於樂而知向乎道君子之德不於是而可見哉且君子義比於身而發以為樂樂得其道而推以治民由是自朝廷下達於邦國藹然至和之澤盛而感召有以達其機喜不徒

吾飾也自畿甸逮及藩要荒沛然大化之流通而絪縕有以宣其妙欲不但吾私也故被夫漸染者感其良心潛消乎暴戾之習得於薰陶者端其趨向咸歸於蕩蕩之天不偏以陂而王義是遵無復向時之睽戾既和且平而他岐不惑無復昔者之倀倀矣所謂移風易俗天下皆寧者以此夫民所以知向方者亦有所自乎何則聰明不眩於奸亂心術不蠹於淫慝復其情者固正然秘之在我矣孰得而窺也情慢不設

不熙而萬民在維持之內弱者寡者皆得以遂
其生庶幾室家相保而無虞亦皆藉君之休也
豈徒安及百辟哉閭里無事而不擾亦皆席君
之慶也豈獨燕及卿士哉是則民賴以安固君
嗣之福抑亦吾君之福也歟公尸忠愛之誠蓋
即是而可見矣六誡唐虞成周泰和之世也而
皋陶之歌假樂之雅皆吾所諷者何耶夫人君
處泰之時所憂者怠荒而已有輔相之責者固
宜為之所也然遐棘之適齊魯秦而詩人乃於

稱願之中寓譏諷之意體貌世臣愛其子
孫之詞使自得焉警其褻其君之法也哉

春秋

鄭伯突入于櫟 桓公十五年 衛侯入于夷

儀 襄公二十六年

畢濟川

同考試官給事中徐 批 此題自有明傳

場中士子泥於近時屬比之弊往往附會其說

無復渾淪氣象此卷一主義字作去其亦心步

有制而不爲習尚所移者錄以式之

同考試官修撰倫　批　舉生後傳命題參書
世作者爲說不一混雜可厭是篇析理精詳斷
制明白致用之學於此槩見矣錄之以諗諸他
日

考試官學士劉　批　文得聖人革制之意可
取

考試官學士吳　批　諸侯復國同而褒貶不
同深得傳意

春秋於復國之諸侯義嘗絕者責之嚴義未絕者待之恕觀鄭衛之名與不名而有國之義與不義自見矣聖筆之精何如哉昔雍糾之計不行鄭突出奔於蔡久矣一旦檀伯有難而突遂入于櫟焉自常情觀之突之是舉與後此衛侯之入其揆一也春秋何以書名而責之嚴耶誠以突之於鄭國人君之諸侯助之國固易有也然庶以奪嫡視長幼之倫如草芥爭以得國棄君臣之義如土苴雖曰內有所恃而桓武之宗

廟非其所宜奉也雖曰外有所援而溱洧之社
稷非其所宜有也揆之於義不可以有國明矣
經故不同於衛入[illegible]名書王法以責
之也責之[illegible]之章一歌
衛衎出奔於[illegible]遂入
于夷儀[illegible]前此鄭突
之入[illegible]之心耶識
以衎[illegible]非闘難遠也
然出政之[illegible]所有母

弟鍾以同爭世因[illegible][illegible][illegible]避所重於宗社之
重位其所因[illegible][illegible][illegible]智而歸至於憂
患之餘圖其所宜得已厚之[illegible]盛可以有國
明矣經故不書於策以突之篡奪爵而不名
本人情以望之也備之之意不亦恕乎忽絕鄭
伯者聖人正名分之義也恕衛侯者聖人存忠
恕之心也因事之輕重而權衡之不期公而自
公耳是豈圖史所能與哉抑春秋於突已絕之
矣不足論也獨惜夫衛於淹恤在外十有二年

吾意德慧術知常存乎疢疾而賞罰勸沮必繇於困羣矣胡乃得國之後失信無刑猶夫人也則亦何以為國哉春秋於其出入皆以爵稱至於復國特以名錄者所以俟其改過之深責其自棄之重欲其識於為義之意也惜乎衛衎不足以語此

晉侯及楚子鄭伯戰于鄢陵楚子鄭師敗績　公會晉侯齊侯衛侯宋華元邾人于沙隨不見公　公會尹子晉侯齊國佐邾

人倪某聲之執季孫行父舍之于苕丘

叔孫僑如出奔齊　季孫行父及晉郤

犨盟于扈[illegible]

要選

同考試官給事中徐　批　總言之題頭緒雖

多而事備固為經生所難者或不文工於文

者或遺漏殊為可厭此作敘事有要而文亦足

以充之蓋真得史外之傳心者矣

同考試官修撰倫　批　但主伯臣立說而沒

外君臣美惡自見其知屬辭之體者宜錄以爲

式

考試官學士劉　批　以聽言論伯臣得失處

極有斷制

考試官學士吳　批　數事聯屬而剖析不差

熟於經學者

伯臣於望國有因毀而脅之以威者有從善而

綏之以德者觀晉郤犨聽僑如之言以脅魯夫

豈若范文子從聲伯之言以德魯哉宜春秋備

書以見其得失也既自晉厲命錡以乞會魯成
會晉以伐秦親暱之好殆闕矣曾幾何時乃遽
辱於晉耶蓋郤犨為政因僑如之請而然耳觀
夫鄢陵之戰我公後師有內難也僑如則托待
譖之言投其間伐鄭之舉我公後期為申守也
僑如則假弗從之意抵其隙斯時也使郤犨因
其言以求理吾知浸潤雖切必將寢而不行矣
柰何怵利之深信讒之固沙隨之會既拒我公
以不見苕丘之地復以執行父以覊縻君焉見拒

而五等之尊損其威臣焉見執而三損之貴蒙其恥魯之為魯亦曰殆哉噫毀言之害如此孔子嘗以譖愬不行為明遠之至郤犫豈足以知此與自是而往國君駐蹕於鄆上卿寄命於人屯難之侵亦甚矣甫及月餘何遽德於晉耶蓋文子當國從聲伯之言而然耳觀夫始而郤犫欲去季孟陰以術計也聲伯則以棄魯之情感其意繼而郤犫欲為請邑陽以利啗也聲伯又以無私之操杜其謀斯時也使文子虛其請以

棄善吾知忠懇雖至亦將壅而不入矣辜而以
我之天觸彼之天乃許魯平而戕僑如以奔齊
赦季孫而及郤犨以盟扈僑如見逐而讒慝之
罪不能逃行父見歸而忠良之譽不能泯魯之
為魯尚亦有利哉噫善言之益如此孔子嘗以
善言莫違為興邦之幾文子真足以知此與是
則毀言不可納也郤犨一聽之而魯隨以辱善
言不可拒也文子一聽之而魯隨以安春秋備
書于經而不削據其事以考其實則二子之善

同考試官都給事中屈　批　申謝中寓箴戒意殊佳

同考試官檢討劉　批　詞婉而旨微講官體固如此

同考試官編修羅　批　辭氣恭謹得體中間發明吳兢本意藹然忠愛之誠可嘉可嘉

考試官學士劉　批　斟酌中不失典雅二場之精緻者也

考試官學士吳　批　寓意懇切與他篇惟務

華藻者不同

具官臣某等欽蒙

聖恩頒賜重刊貞觀政要着虛叨厚祿已玷清

班

寵賜新編尤過素望捧受之際感激何如臣

等誠歡誠忭稽首頓首上言伏以

盛世無虞古不忘乎儆戒

大君已聖下敢闕乎箴規惟監

成憲以無愆必學古訓乃有獲布在方冊昭

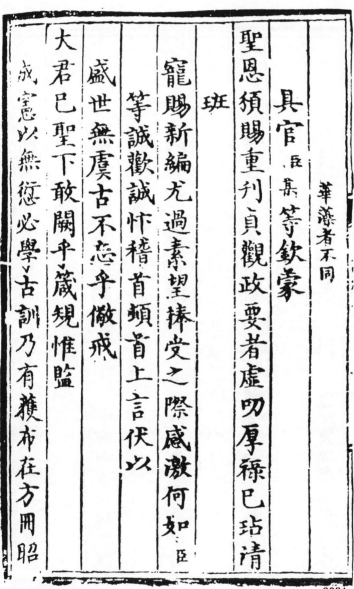

考試官學士劉　批　平淡中有味讀之令人心目豁然

考試官學士吳　批　通暢詳密非苟作者

記者論聖治有要而未及於民詳治要有得而自裕於民蓋為治貴乎知要也得其要而民自裕斯其所以為聖人之治乎記大傳者謂夫聖人者與德齊天眷而居南面之尊道體陽明以聽天下之治何所用其心哉守其至要以為萬機之先急於當務獨有五者之目民雖在所當

治事則弗暇及焉五者何言其一則別之禮義而人倫之道有所正矣言其二則錫之恩禮而臣下之勞有所酬矣賢有德者舉之在位以行其志非其三乎能有藝者使之在職以效其才非其四乎又必致察於一心之愛以公夫四事之施茲乃其五焉夫是五者誠能錯諸天下而無紕繆之非沛然四達而有兼全之美則倫理明而士心勸賢能輔而公道行政以之修而惠無不洽矣民雖不與於治也庶而自富何足事

而偹足畜各遂其飽煖之天有不同於利者乎
治雖未及於民也富而好禮貧以濟而匱以調
相忘於太和之域有不輕其實者乎吁聖人治
舉其要而民自得所如此又何必下行臣職以
自親於民事哉雖然為治之道固以五者為先
五者之中又以治親為始盡人道之大經政事
之根本尤其當急焉者此而不正則施為無序
雖有至要弗能行已故既睦之道敦而平章之
效自著刑于之德懋而怙冒之化以行自古聖

帝明王未有不齊其家而能治國平天下也故

曰必自人道始矣君人者有見于此循其序而

行之則於治乎何有

樂行而民鄉方可以觀德矣

臨仁和

同考試官主事冒　批　此作春容爾雅而題

意寫盡蓋邃於理而深於文者特錄之

同考試官編修劉　批　筆端和氣充然可尚

發盡樂以章德之義意亦可以觀子之蘊矣

於身邪僻罔干於氣養其志者區和絲藏之於
身妙未易以測也及作於樂而於乎民情正之
端有以達於用感乎民而向長道志和之蘊于
是著其功𢿛然[illegible]不必考耆履而後
知也煥乎其光矣莫掩乎精[illegible]而自見也
所謂和順積中英華發外[illegible]因其化之
成而驗其[illegible]之蓋[illegible]樂而可以偽為
也耶抑論[illegible]之本於
德猶化之自[illegible]其化而

及於物猶有[illegible]亦[illegible]以[illegible]於人乎
君子之為學[illegible]以[illegible]教以為
之用民知而[illegible]國[illegible]不求諸己
而顧於善[illegible]樂云[illegible]鐘鼓云乎哉
是宜德[illegible]

第貳場

論

養士莫大乎太學

楊果

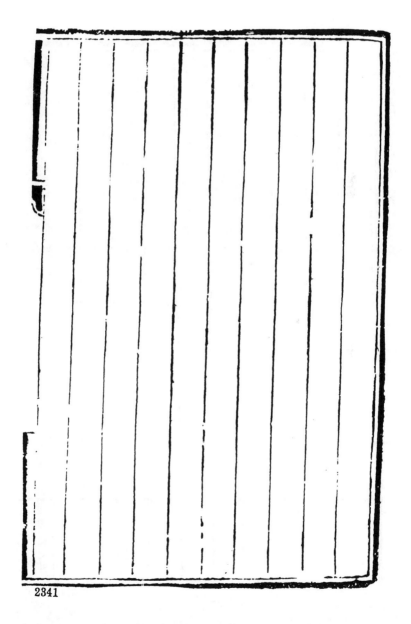

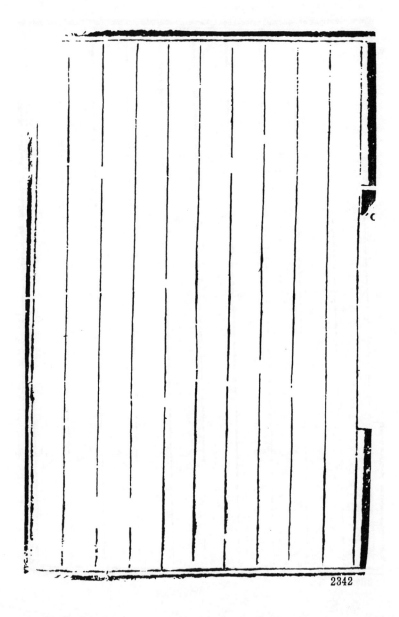

同考試官編修葉 批 論以理為主而詞發
之盡可尚華藻著纂組補合晦冗可陋論之體豈
固然哉此篇順理成章而莊雅明潔匪直場屋
中文字而已得士如斯可以薦之
上矣

同考試官編修陳 批 題關繫甚大不難成
文而難於有體中場僅有奇作但回視論目即
氣象不侔晚得此卷議論醇正反復若干言讀
之終篇無一險語其命意措詞處抑揚頓挫之

雖有蓄焉而不被害者寡安之學其有所據詔也乎

同考試官修撰朱　批　論場正欲覩士子擴充之學此篇述古者養士之法詳悉無遺末復推本於人君正心之一言可謂得董子告君之旨矣

考試官學士劉　批　有論議有考據有歸宿蓋嘗究心論學者取之何疑

考試官學士吳　批　作論不必以浮詞奇氣

相高得此有條序者亦可矣

士之生於世欲成其才以資於用必得所以養之之地可也夫士不可以不預養也而亦不可以易養也養之而不得其地則人異尚家異學相率趨於卑近之習必梏其才而無所成天下之大誰與為用天下之治誰與共成之哉然則欲為天下計者固莫可不先於養士而養之尤不可不得其地也得其地以聚之又知所以教之則才無不成取之無可以足天下之用又

何患天下之治不成也哉且天下之大可以一人主之不可以一人理之可與正人共之不可使小人參之故論相也必求士如伊傅命卿也必求士如皐夔命方伯連帥也必求士如召伯南仲下逮百司庶府莫不皆唯其人不如是非惟不足以成治將有僨天下之事者厠乎其間矣然豪傑之士世不常有而中人以下之資剛則不足於和柔則不足於斷得於此者或不能無失於彼明乎內者或不能兼全乎外此固其

氣質之偏也甚則遷於異物汩於流俗惑於異端邪說之歸其學術之繆又若此者謂之士且不可況謂之天下之士乎故爲天下而不獲天下之士之用則用非其人其弊有不可勝言者焉是必有不枚卜而遇不形求而獲不幣聘枉駕而至者養士是已養之之道不速其成不抑其進積之以歲月守之以漸次優游暇裕待其自化者也彼家之塾黨之庠術之序有長正鄉大夫爲之師是亦養士之地也顧所習者畢近

而非高遠所務者節文度數之末而非道德性命之原則其所就亦一家一黨一術之士耳人君求才而得一家一黨一術之士其如天下何是必養之有大於此者太學是已故曰太學者賢士之所關也教化之本原也試言大學之教其為條約也有三德三行六儀之目四術四教樂語樂舞之數時教必有正業退息必有居學其為師也則大樂正設其數大司成考其成大而籥師分其職執禮典書共其事其為弟子也

則自天子之元子衆子以至公卿大夫元士之
適子與凡民之俊秀皆得而入焉建於有虞則
曰上庠夏則曰東序殷周則曰右學辟雍其為
名不同其為養士之地則一也人君養士而不
以虞夏商周為法欲求善治得乎必也考古以
定制擇天下道德博聞者為之師使天下俊秀
進而卒業其中上承明師之教下率天下之士
啓之以格物致知之端繼之以誠意正心修身
之道終之以齊家治國平天下之要則養之有

法矣一年視離經辨志三年視敬業樂群至于九年知類通達強立不反則養之有時矣理義以養而熟德性以養而純物欲以養而淨綱常倫理以養而篤聞見知識以養而博經世宰物之本以養而邃則氣習之偏學術之繆於是乎變化消釋矣夫然則中人之資可進而賢賢人之資可進而聖凡在所養者皆可用之才求其負敎不帥者蓋鮮矣於是就而論官焉相可任也卿可任也方伯連帥可任也百司庶府之職

可任也任而必堪其才用而思成其治人君得以端拱於上責成於下而坐享太平之盛治矣養士之功孰有大於是哉古之有天下者惟唐虞三代能然自是以降秦不足言矣西漢之興已歷百年于茲而教化猶未洽董子所以發養士莫大乎太學之言然而武帝未遑也其後光武始起太學而躬視之明帝復一臨之而行養老之禮蓋夏商周之遺意庶幾復見然考其養士之功終有愧於古者無他人君者士之表也

朝廷萬衆學之則也邇人以躬猶有行而不至者况徒法而無本乎故養士得其地可也無其本亦不可也是養之未至也然正心正朝廷之論先發於董子也嗟夫三代以下之君知此者少矣况武帝多慾者也又烏足以語此

表

擬講官謝

賜重刊貞觀政要表

魯鐸

惡豈容掩哉雖然郤犨之惡僑如有以逢之也文子之善聲伯有以成之也書曰邦之杌隉曰由一人僑如之罪不容誅矣又曰邦之榮懷亦尚一人之慶聲伯之賢胡可少哉噫此又有國家者之所當鑒

禮記

聖人南面而聽天下所且先者五民不與焉一曰治親二曰報功三曰舉賢四曰使能五曰存愛五者一得於天下民無不足

無不贍者

同考試官主事冒　批　經題冠冕本不難作累卷板板不浮則腐獨此篇筆力雅健理致精醇結尾尤是知本之論於此亦槩見吾子之所造矣

同考試官編修劉　批　題中大旨易見而節目頗多下筆便難整潔此作鋪叙得體而詞鋒森然無一字懈緩當是作手

如日星間嘗尚論此書實為不刊之典蓋後三代而為秦漢又越八朝而得李唐在太宗為君始也用魏徵之言能行仁義故貞觀之治終焉視姬周之世庶幾成康凡其政事之所施悉於紀錄而可見大綱畧舉止于四十篇正統遠垂至于三百載厥後張九齡金鏡之錄為莫權與又如李德裕丹扆之箴得其梗槩蓋亦不作覽書可追蹤盖伏過

○○○○

黼座燕居乾健獨操乎畀斷

袗衣崇穆謙尊共仰乎虛懷

左右維其人而側席求賢懋懸典于學而橫

經講道與文深契

詔旨嚴宣以

中祕之有舊藏工匠翻刊之必巧以下方之

士之善本儒臣對校之兼精既無魯魚亥豕

之譌遂若鍾鼎琬琰之貴視為糟粕已及

千年發其英華忽於一旦喜簡編之遭遇
託楮墨以流傳竊惟唐之盛時顏獨競有
先見書名貞觀意在開元寓制治之謀猷
作持盈之軌範惜有言之不用慨雖悔而
曷追臣等忝厠儒流同沾
殊渥仰窺
睿思不尚虛文固嘗觀蘇軾之奏章亦曾進陸
贄之論議謂聖言幽遠未敢語乎六經歎
末學支離奚足取乎諸子古人邈矣賴有

此書往事昭然何須以鑑自今瞭誦常存
謇謇之心尚在
聖聽莫厭諄諄之語倘見諸行事即能自得師
由魏徵之語而師皐夔共誓終身取法乎
上推太宗之心而祖堯舜更期
一人允執厥中臣等無任瞻
天仰
聖感戴屏營之至謹奉表稱
謝以

聞

第叄塲

策

第一問

郁濂

同考試官主事楊　批　荅題不拘題用事皆實事策手也

同考試官員外郎張　批　此策揚厲

聖祖用夏變夷之功超越千古盖亦能摹繪

天地之真一者且於終篇因事無患盛滿以持盈守成為戒必有

識之士也

同考試官編修豐 批

皇祖廓清華夏之功載續綱目一書臣子莊誦已久顧不易名言

此策敷揚殆盡而端重爾雅真華

國之文也可以武矣

同考試官侍讀白 批 我

太祖再立人極與三皇同功而下所弗論也顧以一士乃能悉之

如此豈非强學待問者歟

考試官學士劉　批　通篇條答無遺於

國家正彝倫以垂憲萬世震於書者猶其炳燿章遠矣

考試官學士吳　批　求善數陳故睦貴子

之論秦漢其書一本於道也

紀前代之事以著其得失者固有在乎史示

後世之法以鑒其得失者亦在今之史史之

功莫大焉自漢以來遷固輩作者法相沿

上下數千百年浩浩穰穰其書具存其迹瞭

然歲得失之故可數而知其是非一不為勸

迎古會要為入主與治同道[illegible]助哉惟
茲
憲宗純皇帝爰發宸衷之睿轄
命儒臣遵朱子綱目法纂宋元二史準及我
聖祖興王之由無無事必以我
朝之所以得興元之所以喪者下詢承學嗚
呼惟天為太
聖祖則之莫可得而名言也而又何假於元以
較得失耶茲乃有取於漢之譜泰者豈非

殷鑒不遠之意歟今夫華夷之判久矣內
中國而外夷狄此天地之常經不可易也
故曰王者不治夷狄外之也以中國治夷
狄然且不屑況以夷狄而治中國乎夷狄
之亂中國者前有五胡而正統之在晉猶
自若也後有女真而正統之在宋猶自若
也柰何金倂既獻而宋祚替矣微胡元者
乃偃然而帝中國焉舉中夏之土宇而腥
羶之舉中國之人民而左衽之毒生民以

來未有若是之衰變也考其數凡九十餘
年計其君凡十有三主豈無一善之足稱
哉顧其篡逆相踵三綱五常蓋蕩然矣兼
之條格不常而奸弊易生賄賂公行而名
器可假祭祀煩瀆以徼求賑舍僭踰不
為品節尊胡僧而信其術抑漢人而小其
用惡在其為治也降及後嗣宴安日久志
慮益荒宰相擅權憲臺肆怨強藩跋扈貴
戚宣淫工役不息飢饉荐臻有司毒害而

莫之禁百姓離叛而莫之知雖欲不不
可得已而况胡虜無百年之運雖人事之
使然亦天運之當然也當是之時羣雄並
起民之塗炭至此極矣
天生
聖人起自淮甸慨然以攘夷狄安生民為己任
天戈一揮義聲四達入金陵也諭吏民以毋畏
而市不易肆取浙東也戒諸將以勿殺而
兵不血刃

尊號未上也而
宗社先建于以重
邦國之禮儀戎務方殷也而庠序則設于以
謹郡縣之風化有功者必賞而厚薄惟公
有罪者必罰而輕重惟當延鴻儒置之帷
幄而講論日資求遺書藏之
秘府而觀覽不倦圖宮室而施繪畫者則去
之示朴素之當崇獻鞍轡而飾金玉者則
卻之見奢侈之當戒正音樂而合於大雅

所以象功德者何盛也著律令而務在簡
當所以明刑罰者何周也盖
帝王之興施為氣象自出於尋常萬萬雖當四
方割據之秋而
天命已昭然矣夫是以北定中原而窮廣遠遁
席卷天下而僭偽悉平關南諸郡自石晉
而入於遼者蓋四百餘年而復歸矣大江
以北自南宋而入於金者蓋二百餘年而
復歸矣關乾坤於晦冥之後復綱常於淪

數之餘
盛德豐功亘古今而一見者也竊觀三代而
下創業之君恒憂勤於草昧之初而宴安
於混一之後惟我
聖祖謹持盈守成之道爲久安長治之圖勤
聖政而宵旰弗違
聖聽而芻蕘必察焉
訓誥而不假乎詞臣之手定法制而無俟乎
丕承之

舉天下之政事皆歸之豈有不善哉於是
官有定員吏部司之以待天下之才賦有
定額戶部司之以制天下之用定民志則
嚴禮儀定以飭武備則循事設條例而掌
之者禮部兵部也律令之書以懲奸慝工
匠之役以供營繕而掌之者刑部工部也
以故貴賤各有定職兢兢實心罔敢僭踰
卒乘不[illegible]寇盜之變姑皆
予未定[illegible]

祖宗立法之盡善盡美無讓于舜焉而當時奉
法之臣猶甚不克難于屢正也然久承平
既久弊叢姦淩出玩愒漸滋詐偽潛萌
於是紀綱廢而人自營私圖安羅力窮
申明之條屢張羅以變乎滑稽清理之使
迭出無以補乎事何者刑罰以矜恤也而
犯者愈衆莫之作以役使也而人厭告勞
是皆目前之患有識之憂董生所欲更化
崔寔所欲尚嚴之時也及今猶可救藥然

當宁之問幸不忘斯言也

同考試官編修羅　批　據先儒成說斷二子之失初不爲難觀其首尾議論淵源出人意表知爲有用之學擢魁本房輿論無間然矣

考試官學士劉　批　能歷舉二子所當言者爲對必潛心史傳之士矣可嘉

考試官學士吳　批　此篇雖據史斷而推衍失言之故意思嚴密必篤於學者

志定於窮居之時則其出也必不苟道失

其可行之會則其志也必不高夫君子之於斯世時乎未達則致孜問學深造而不已者豈徒然哉固將明聖賢之道而思所以援天下之溺耳道既明矣而未得行或發於言論亦足以見其志然而上不見求或求之而誠意未至則其交必不能固而吾之議論施設終不免有所齟齬於其間君子亦寧默默自守必不肯為枉尺直尋之計夫豈厭富貴而甘貧賤邪度其道之

無所成也乃若求之者既有其誠吾感其
意亦既出而應之矣雖不必遽得行道之
位然而致治之大本救時之急務獨不可
以盡其言乎言行道亦行矣或乃瞻前顧
後迂闊而不情貪祿固寵徘徊而不去則
平日所養果安在哉嗚呼此漢之申公貢
禹所以不能使人無遺憾於百世之下也
夫孝武之於申公一聞其賢遂遣安車迎
之意亦誠矣公以八十老年闊略不爲不

孰謂帝不足與有為不出可也既趨寵召
天下固拭目以觀其建明而治亂之間方
勤止對以力行一語力行是也要之必有
所事既開其端而不竟其說顧屑屑於明
堂巡狩之議是舉力行之急務邪胡寅譏
之當矣孝元之於貢禹慕其高潔之行特
遣使者徵之意亦誠矣禹以儒林之表名
望不為不高度帝不足與有言不出可也
既為諫官天下方傾耳以聽其議論而政

事之問方切止對以節儉數事節儉似也要之帝所優為不責其難而姑勉其易惟孜孜於宮女廐馬之減是豈救時之急務邪司馬光譏之當矣蓋夫多慾之心漸萌而亂原將啓申公固宜反覆乎大學正心之說以潛消武帝好大喜功之私讒佞之勢日張而事權下移貢禹固宜丁寧乎洪範作威之言以杜微元帝優游不斷之失計不出此累其智之不及乎抑亦有所顧

忌而不敢言乎盖二子者雖曰明經為儒
而於聖賢體用之學槩乎其未有聞是以
得失之念未免横於胷中而迂跡之失不
覺形於言議爾不能言有不合勢有難為
何憚而不去哉雖然二子者無庸論矣吾
觀武帝置董仲舒於江都則雖有嘉言未
必能用元帝致蕭望之之自殺則雖有奇
策未必能從故為士者固不可枉道以負
君為君者尤貴乎克己以從善敢因執事

之問而併及之

第三問

陸節

同考試官主事楊　批　辯說文章家數明白

正大而靜氣雍容儼雅足見平生材識

同考試官員外郎張　批　二大家醇駁歷歷

能甚矣明文論自出一機軸駸駸有古作者

風致圓[illegible]通使人神爽飛越得士如此可以為

國慶幸矣

同考試官編修豐　批　文氣雄渾有韓子家
　法而於帝運之盛衰致慨然歟
同考試官侍讀白　批　論韓柳二子處有抑
　揚有斷制非苟爲而作者
考試官學士劉　批　以先儒定論斷二子誠
　駮非考究精詳者不能
考試官學士吳　批　論文者不獨以時文當
以人與作既得之及以三代以上之文爲至則
其識又加於人一等矣

文章當以時論亦當以人論蓋氣運有盛衰而文章之高下因之此以時論然而有不盡然者固有說也人品有優劣而文章之高下亦因之此以人論則有必然者嗟夫三代聖賢謨訓萬世之文章乎不可及也三代以降凡傳記銘頌之類皆謂之文然後世之文耳歟唐劉禹錫序柳子厚集云文章與時高下豈有見於此然其意未論[illegible]世之[illegible][illegible][illegible][illegible]以論唐

之文莫盛於唐者蓋貞觀之時太宗制
治於上房杜諸公輔治於下天下稱
治庶幾三代之風宜乎文之盛也而卒未
之聞元和長慶之間其治化弗逮貞觀遠
甚乃有韓子者出於其時何哉彼功業奮
起與一時而可成文章蘊蓄必百年而後
盛況當唐之初隋之大亂初除江左之餘
風猶在一時文氣豈能猝變也哉循至元
和長慶累世之後則其時矣於是而得韓

子評其文者曰奧衍閎深與孟軻揚雄相表裏遂能起學者山斗之仰至今稱為文宗焉故嘗譬之文章如山木必待培養而後茂貞觀之時培養之初也元和長慶之間則茂矣愚故謂以時論有不盡然者此也乃若柳子與韓子同時而出評其文者曰雄深雅健似司馬子長崔蔡不足多也故一時文名與韓頡頏而至今為文之家亦宗之然柳之為人不知節義廉耻之重

所附者邪佞之叔文所交者浮誕之禹錫其文雖若與韓並稱而其過於刻削氣象萎靡卒不可並韓也是以歐陽公不稱韓柳而稱韓李其不滿於柳可見而蘇子起衰濟溺之說亦卒歸之韓者其稱量之間亦既有差等矣愚故謂以人論有必然者此也夫韓之為人忠鯁亮直以氣節自持其人品固高而其急功名之趨有飲博之好且因文見道識用之遺體則朱子已有

讒譏之言矣柳之人品固不及而其擯斥之後深自悔悟故非常之才不幸之甚則范文正公且有矜憐之意矣要之朱子之言責之備責之嚴便之知行檢之當修范公之寬待之實見寬之實也使人知人才之當惜其忠各有所在若此二子人品雖若不同其為文人之學則其已不足與語於濂溪周子曰不知務道德而第以文辭為能者藝而已學者無於此求之可也矣

今氣化之昌文章之盛文體之其時宗工鉅儒

彬彬乎仕進者有最

國家之盛以道德之蘊發為典謨訓誥之文

還其文於三代之上者無甚于提鉛槧以

從使局書者一一觀之

第四題

同考試官給事中徐　批　平齊

五策具見學識過

人而六曹十二篇於

國初立法之意與今日法弊之由更為明切其救弊復初處一
皆責成於人端本之論也披閱之餘知子負經
世之志久矣豈徒託諸空言而已耶
同考試官修撰倫　批　士子用世之學無於
時務策論之是篇敘述詳整區處帖當盡究
心經濟者歟得士如子主司亦必慰矣
考試官學士劉　批　題欲觀士子用世之才
此篇隨問隨答吾當為子拭目矣
考試官學士吳　批　論不必更法最善可謂

達於政者

為治之法其初未有不行者周其法之善其終亦有不行者則其法之弊也蓋法久而人自玩法玩玩而弊必生弊生而法斯壞此非法之罪也用法者之過耳使能釐於法未壞之時救於弊初生之際則法復善而長治久安之術得矣請陳其槩六卿分職各率其屬以古之制也惟我

祖宗之有天下本三代以為治稽六典以建官

朝凡所以維新百度傳之萬世者大抵鑒[illegible]
氏之失而然耳
聖子神孫世守[illegible]
天命於無疆也
聖祖之澤與民[illegible]與有則貽
燕子孫
聖祖之[illegible]敢以為
令之
聖天子欽[illegible]

第二場 [illegible]

[illegible]

[illegible] 批 要[illegible]代對之

[illegible]可分矣某日數

批

大廷之下無有可[illegible]者也。

同考試官檢討[illegible] 批 有識論有斷制而詞

[illegible]之令人擬[illegible]之志則大矣如或[illegible]

晏平仲

救之之道亦去其害乎法者而已無所事於紛更也夫選法壅塞入仕之門太多耳必杜幸進之請絕鬻爵之望則仕路清而人才無淹滯之阻矣經用告歎用財之流不節耳必汰冗食之官抑無名之費則蓄積厚而遠近無科派之苦矣儉約之風始於貴近則民庶必至於做傚或違式者必示以法制焉則僭踰如之何其不變撫恤之恩施於主帥則士卒不至於逃亡或補

伍者當順其土性焉則缺乏如之何莫不
足禁網弗清無亦不平所致歟使欽恤之
誠必洽乎人心比擬之文不撓乎權幸則
刑措之風可期也人輒告勞無亦不堪之
累歟必更番以優其力時使以從其情則
子來之民可得也夫然則弊去而法自行
我
祖宗之治可以萬年猶一日也雖然亦在乎得
人而任之耳此固人之常談而亦理之必

然者故曰為政在人使求治而不知救弊救弊而不務得人吾未見其克濟也迂見如斯幸采菲者察焉

第五問

喜智

同考試官主事于冒　批　箕士以時務非直取其博洽而已迺備一策場中類能款衍至求其灼有所見而切於時宜者則尠此卷議論紆餘且蓋積實用世之才居然可見矧他篇皆稱是

高蓋宜矣意吾之所以知予者固有在也幸無

同考試官編修劉　批　五策皆議論英發迥出人表而此篇最要

國計纂纂可行尤見用世之學豈徒文字而已識時務者在俊傑其子之謂夫

考試官學士劉　批　邊需時之急務能援古證今處置得宜如此濟時才也

考試官學士吳　批　豫備事宜人誤言之未

有如此之詳盡者可謂得士矣

邊徼有厚蓄而後可以嚴天下之大防國計有遠謀而後可以紓天下之至急夫禦戎之道固在乎足兵而尤在乎足食也苟備之無素而欲圖倖就之功謀之或近而徒取因循之便則民力必至於敝而邊備必至於虧何以嚴天下之防而紓天下之急哉請因明問而試陳之兵之所資者芻與粟而已二者不備非特不可以屯兵而

況於用兵乎
國家立法邊儲歲有常數邊運歲有常處宜
其無不足也所以足者為屯兵之計所以
不足者未嘗為用兵之計也為屯兵之計
無數年之積可以為緩急之用者主餉者
之過用兵不論其積之有無而輒入其地
者又非主兵者之過乎比歲北虜入邊
王師再出報捷之音未至乞糧之疏已陳轉
餽之民既疲鬻爵之筭斯建大臣終歲經

營於外

皇上宵旰憂勤於内及今熟事乃有豫備之閒

蓋恐復蹈前日無備之覆轍耳傳曰千里

餽糧士有饑色樵蘇後爨兵不宿飽是言

食之難繼不可不備之意也今當無事之

時而求常用之術於困敝之後而講通行

之方將安所施乎愚則曰興屯田之利開

鬻鹽之法而已屯田之説始於漢文是即

寓兵於農之意兵自爲食民不告勞不亦

可乎趙充國之田金城魏武帝之田許下
皆有明效者抑此亦非不行於今也盖置
卒分田而徵其賦其法固善特以在上者
侵併之或又役于私而奪其力使田賦逋
負而不充則其弊多矣今宜除其弊而又
益求可耕之地而盡給之則歲有所獲而
所蓄者厚矣范仲淹營西事亟上屯田之
策不有見於此歟以鬻鹽之法肇於管仲雖
非藏利於民之意然與其取之於民孰若

取諸山澤乎孔僅桑弘羊之於漢劉晏第五琦之於唐亦有明效者抑此非不行於今也蓋召商輸粟而給以鹽其法亦善特以有力者優幸之輩沮其法而奪其利使鹽貨阻滯而不通則其弊久矣今宜除其弊而又稍減其所輸之粟而輕鬻之則歲有所入而所蓄者益厚矣歐陽修爲館職請通茶鹽之法不肯見從此數策而屯田之行又必慎擇其人必審其事如躬耕百

畝傳郭子儀其人倡之士卒皆樂耕於其野矣鬻鹽之行久必申戒其實以平其施始使官民兩利得李流其人以掌之商賈昔顧藏於其市矣夫屯田則屬穫芻粟之用於外郡運輸亦可省道路之勞鬻鹽則坐收芻粟之利內帑蓄積自可擬飢荒之濟豫備之計恐無以易此者於是用兵必持重使食之者寡作事必有益使用之者舒合乎古人理財之道又不至於靡費所謂

豫備之計信無以易此者一旦設有警報以守則固以戰則強彼醜虜覘吾虛實且謂中國有備畏而遠遁矣是故事至而無其備則有缺乏之憂事至而為之備則有急遽之患其必先事而豫備可也噫此非愚言也傳說之言也說之言曰惟事事乃其有備有備無患敢以告于司國計者

會試錄後序

皇上嗣大歷服十有五年歲在壬戌春二月適會試天下貢士期禮部以

聞

上命吏部左侍郎兼翰林院學士臣寬侍讀學士臣機典試事

陛辭入院遵
制三試之得士若干上請
聖裁俞旨既降迺第其名氏并錄
其文之合式者萃集成編將
為
大廷獻而臣寛寔撰序以引其
端歷述章程鋪張治道殆無

不盡臣機濫竽同事謹贅數
語于後用申其意夫天生賢
才在天下無非爲天下計顧
君天下者取而用之何如爾
故賢才進退每關治忽雖古
之聖帝明王盛時至治不能
不是賴也我

朝
祖宗克享天心受天明命敷求哲
人圖惟治理
皇上纘承
列聖益隆繼述天休滋至賢才彙
出書曰天惟純佑命則商實
詩曰思皇多士生此王國是

矣然
國家簡拔賢才固自多方而網
羅賢才則莫良於科目竊觀
科目之制三載一試于鄉藩
省薦名于
天子明年復集禮部會試取士之
法益精且密分地以別其卷

會計以定其數委曲詳悉靡
所不至盖
祖宗深體天心欲兼收天下賢才
以盡天工人代之意而臣等
亦惟恪體
聖心欲畢致天下賢才以攄式克
欽承之忠故自奉

命供職以來蚤夜兢惕以公稱

戒命題必公不求隱語校閱

必公不執偏見非公不言非

公無行期不虧乎公道無犯

於清議得天下之真才為科

目之偉觀成

明時之盛事以仰副

皇上側席之勤而與沾有事之榮則亦庶幾乎古人以人事君之遺意矣
翰林院侍讀學士奉訓大夫劉機
謹序

弘治十八年進士登科錄

玉音

弘治十八年　月　日禮部尚書臣張昇等於
奉天門　奏為科舉事會試選中舉人三百三名
本年三月十五日
殿試合請讀卷及執事等官少師兼太子太傅（下缺）
部尚書華蓋殿大學士劉健等五十三員
士出身等第　依

太祖高皇帝欽定資格第一甲例取三第一
六品第二第三名正七品賜進士及第第二
從七品賜進士出身第三甲正八品賜同進
出身奉
聖旨是欽此
讀卷官
特進光祿大夫柱國少師兼太子太師吏部尚書華蓋殿大學士劉　健 庚辰進士
光祿大夫柱國少師兼太子太師吏部尚書馬文升 辛未進士
榮祿大夫太子太保戶部尚書謹身殿大學士李東陽 甲申進士
榮祿大夫太子太保禮部尚書兼武英殿大學士謝　遷

光祿大夫柱國太子太保刑部尚書閔珪 甲申進士

資善大夫戶部尚書韓文 丙戌進士

資政大夫兵部尚書劉大夏 甲申進士

資政大夫工部尚書曾鑑 甲申進士

資德大夫正治上卿都察院左都御史戴珊 甲申進士

資政大夫都察院右都御史史琳 丙戌進士

通議大夫通政使司通政使[illegible] 乙未進士

正議大夫資治尹大理寺卿[illegible]隨 [illegible]

翰林院學士奉議大夫劉機 [illegible]

翰林院侍讀學士奉訓大夫[illegible]

提調官

資政大夫禮部尚書張昇 [illegible]

通議大夫禮部左侍郎李傑 丙戌

嘉議大夫禮部右侍郎王華 辛丑進士

監試官

文林郎貴州道監察御史藍章 甲辰進士

文林郎福建道監察御史王冠 庚戌進士

受卷官

奉訓大夫右春坊右諭德兼翰林院脩撰毛澄 癸丑進士

翰林院侍講承德郎張潵 戊戌

徵仕郎吏科左給事中周璽 丙辰進士

徵仕郎戶科左給事中艾洪 丙辰進士

彌封官

亞中大夫光祿寺卿艾璞 辛丑進士

中順大夫順天府府丞兼司經局正字周文通 秀才

朝列大夫尚寶司卿兼司經局正字劉棨 秀才

奉議大夫尚寶司卿李琇

奉訓大夫鴻臚寺左少卿劉瑄

翰林院脩撰儒林、郎倫文敘

翰林院編脩文林、郎[illegible]紀

徵仕郎禮科給事中孔[illegible]

從仕郎兵科給事中潘鐸己未

掌卷官

翰林院編脩文林郎王瓚丙辰進士

翰林院編脩文林郎汪俊癸丑進士

翰林院編脩文林郎葉德丙辰進士

承事郎刑科都給事中于瑁癸丑進士

承事郎工科都給事中王縝癸丑進士

巡綽官

鎮國將軍錦衣衛掌衛事都指揮同知趙鑑

鎮國將軍錦衣衛管衛事都指揮同知葉廣
昭勇將軍錦衣衛指揮使韋順
昭勇將軍錦衣衛指揮使趙良
明威將軍錦衣衛指揮僉事余寘
明威將軍金吾前衛指揮僉事林文
懷遠將軍金吾後衛指揮同知徐璋

印卷官

奉議大夫禮部儀制清吏司郎中張琮 庚戌進士
禮部儀制清吏司員外郎黃傀 丙辰進士
承德郎禮部儀制清吏司主事唐頊 丁丑

承德郎禮部儀制清吏司主事陸[illegible]

供給官

奉議大夫光祿寺少卿張給甲辰進士

承德郎光祿寺寺丞趙松癸丑進士

禮部司務程鵬丙午貢士

奉政大夫脩正庶尹禮部精膳清吏司郎中翁健之丁未進士

禮部精膳清吏司員外郎皇甫錄丙辰進士

承直郎禮部精膳清吏司主事羅欽忠己未進士

恩榮次第

弘治十八年

三月十五日早諸貢士赴

內府

殿試

上御

奉天殿

親賜策問

三月十八日早

文武百官朝服侍班是日錦衣衛設幽[illegible]
丹陛丹墀內
上御
奉天殿鴻臚寺官傳
制唱名
禮部官捧
黃榜鼓樂導引出
長安左門外張掛畢順天府官用傘蓋儀從送狀
元歸第
三月十九日

賜宴於禮部宴畢赴鴻臚寺習儀

三月二十一日

賜狀元朝服冠帶及進士寶鈔

三月二十二日狀元率諸進士上

表謝

恩

三月二十三日狀元率諸進士詣

先師孔子廟行釋菜禮

禮部奏請

命工部於國子監立石題名

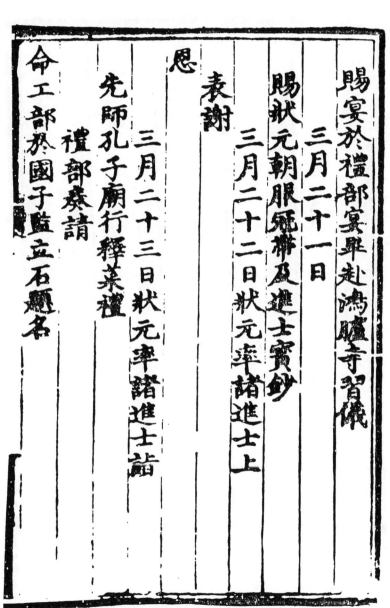

第一甲三名

賜進士及第

顧鼎臣　貫直隸蘇州府崑山縣民籍　國子生

治易經字九和行三年三十三二月二十五日生

曾祖大本　祖良　父恂 [illegible]壽官　嫡母吳氏

具慶下　兄式 府經歷　宜之 封[illegible]御[illegible]

應天府鄉試第八十六名　會試第五十五名

董玘 貫浙江紹興府會稽縣軍籍

治易經字文玉行十六年二十三八月十七日生

曾祖孚言 祖敬[illegible]監察[illegible]史 父復知府 前母章氏[illegible]人 母晏氏[illegible]人

具慶下 兄晃 旒 弟軏 龍 聘潘氏

浙江鄉試第二名 會試第一名

謝丕 貫浙江紹興府餘姚縣民籍 國子生

治禮記字以中行三年二十四四月十八日生

曾祖瑩布政司都事[illegible]贈太子少保兵部尚書[illegible]大學士 祖恩[illegible]封[illegible]贈太子少保兵部尚書[illegible]東閣大學士 父遷 母陸氏[illegible]

慈侍下 兄正 弟亘 亘 娶毛氏

順天府鄉試第一名 會試第四名

第二甲九十五名

賜進士出身

崔銑

貫河南彰德府安陽縣軍籍 國子生

治詩經字子鍾行六年二十八十二月二十二日生

曾祖彥和 祖剛庫大使封主事贈知府 父陞右[illegible]本 母李氏

具慶下 弟鉉 鈛 娶李氏

河南鄉試第九名 會試第三名

嚴嵩 貫江西袁州府分宜縣匠籍 國子生

治詩經字維中行三年二十六正月二十二日生

曾祖璲 祖廷献 父淮 母晏氏

重慶下 弟嶽 娶歐陽氏

江西鄉試第十六名 會試第三十八名

湛若水 貫廣東廣州府增城縣民籍 國子生

治書經字元明行一年四十十月十三日生

曾祖江 祖江 父瑛 母陳氏

慈侍下 兄福祥孟翰昇仲良劉裕子成梁冕蕃全成欽 娶李氏

廣東鄉試第四名 會試第二名

王秉良 貫四川順慶府西充縣民籍 國子生

治易經字伯存行七年三十三十月二十日生

曾祖繼先 祖清 父俊監生 母何氏

具慶下 兄秉彝 秉能 秉誠 弟秉恭 秉儉 娶何氏

四川鄉試第二十三名 會試第二百六十一名

朱琉 貫四川瀘州軍籍 國子生

治禮記字德嘉行九年三十三七月十六日

曾祖景純 祖鱗過例冠帶 父啓明

具慶下 兄璜 璨 璋 珪 玑 弟璣

四川鄉試第三十三名 會試第一百八名

倪宗正

貫浙江紹興府餘姚縣民籍　國子生

治易經字本端行二年三十五七月初七日生

曾祖尹忠　祖守禮　父元貫　母汪氏

具慶下　兄宗太　弟宗中、宗儒　宗祥　娶呂氏

浙江鄉試第三十二名　會試第三十四名

胡璉

貫直隸淮安府沭陽縣民籍　國子生

治禮記字子重行三年三十七十二月初一日生

曾祖輔　祖友良　父綱 遐例冠帶　母趙氏

具慶下　兄瑄 珣　娶曆氏

應天府鄉試第一百十三名　會試第五十二名

陸深 貫直隸松江府上海縣民籍 國子生

治詩經字子淵行二年二十九八月初十日生

曾祖德衡 祖璿[illegible] 父平[illegible] 前母瞿氏 母吳氏

具慶下兄涵 澗 汚 淮 漸 淪 沂 弟浴 瀛 渭 河 溥 博 洲 娶梅氏

應天府鄉試第一名 會試第九名

魏校 貫直隸蘇州府崑山縣民籍 縣學增廣生

治書經字子才行二年二十三九月二十五日生

曾祖琳 祖鐘 父[illegible] 母張氏

重慶下 兄學 弟庠 娶王氏

應天府鄉試第二名 會試第七名

瞿鑾　貫錦衣衛籍山東青州府諸城縣人　國子生

治詩經字仲鳴行二年二十九正月二十六日生

曾祖吉勝　祖順　父瑄　嫡母郭氏　生母黃氏

慈侍下　兄鎮　弟鏌　娶蔡氏

順天府鄉試第二十六名　會試第一百七十三名

王縱　貫直隸大名府開州民籍　國子生

治書經字遜伯行二年二十九四月初六日生

曾祖福榮僉副使　祖實　父溥縣丞　母牛氏

具慶下　兄約義官　娶吳氏

順天府鄉試第一百十二名　會試第二百七十六名

崔傑

貫錦衣衛匠籍直隸蘇州府吳縣人　國子生

治易經字世興行二年三十八十一月十三日生

曾祖仲祥　祖士源　父忠工部文思院大使　母許氏

永感下　兄俊　娶彭氏　繼娶李氏

順天府鄉試第四十二名　會試第五十八名

邵天和

貫直隸常州府宜興縣軍籍　國子生

治詩經字節夫行九年三十七二月二十四日生

曾祖文穆　祖昉封戶部員外郎　父瑾知府　母龔氏封宜人

永感下兄天民天祥弟天瑞天恩天時天祐天祈　娶陸氏

應天府鄉試第一百十二名　會試第一百二十一名

李汎

貫直隸徽州府祁門縣匠籍　國子生

治春秋字彥夫行二年二十六四月初四日生

曾祖宗榮　祖有政　父璨　教官　母方氏

永感下　兄濟　弟溥　娶汪氏

應天府鄉試第四名　會試第二百三十一名

宋景

貫江西南昌府奉新縣民籍　國子生

治詩經字以賢行十四年二十九十月初五日生

曾祖惟寧　祖宇昂　父迪嘉　母塗氏

慈侍下　兄時　弟旦　暉　娶張氏

江西鄉試第四十名　會試第二百十七名

徐縉　貫留守後衛軍籍直隸蘇州府吳縣人　國子生

治易經字子容行一年二十七九月十一日生

曾祖儀　祖震贈通判　父潮七品散官　嫡母沈氏　生母王氏

慈侍下　弟紳　娶王氏

順天府鄉試第十五名　會試第二百三名

郭璋　貫錦衣衛校尉籍直隸興化縣人　國子生

治易經字君節行一年三十二五月二十六日生

曾祖重　祖興　父[illegible]　嫡母張氏　生母李氏

具慶下　弟[illegible] [illegible] [illegible]　娶王氏

順天府鄉試第六十九名　會試第一百九十一名

許誎　貫□□□□衛官籍江西南昌縣人　國子生

治詩經字□□□□行一年三十一　七月二十七日生

曾祖均旺　祖義　父茂 知縣　前母劉氏　母劉氏

慈侍下　兄言　弟經　謨　娶楊氏

河南鄉試第四十九名　會試第一百二十五名

張鷗　貫直隸松江府上海縣民籍　國子生

治詩經字九苞行三年二十九六月十五日生

曾祖盤　祖綸　父繁　母唐氏

嚴侍下　兄鷟　鸞　鳳　鵬　鶴　鳶　鵲　鶴　鵠　娶吳氏

應天府鄉試第四十四名　會試第一百九十六名

秦偉 貫陝西西安府三原縣軍籍 國子生
治書經字世輔行二年四十七月初八日生
曾祖忠 祖海 父敬贈□ 母王氏 繼母楊氏
具慶下 兄仁 弟佩 侶 侍 僎 脩 娶賈氏
陝西鄉試第六十五名 會試第一百五十八名

金轂 貫錦衣衛匠籍直隸崑山縣人 順天府學生
治易經字弘載行一年二十九五月初六日生
曾祖文賓 祖森 父昇義官 母吳氏
具慶下 弟[illegible] 娶洪氏
順天府鄉試第八名 會試第一百四十六名

張文麟　貫直隸[illegible]州[illegible]縣[illegible]籍　縣學生

治禮記[illegible]行一年[illegible]十四正月初十日生

曾祖辨中　祖應[illegible]　[illegible]潘氏　[illegible]盧氏

重慶下　兄文英　[illegible]　文鳳　[illegible]　娶王氏

應天府鄉試第五名　會試第六十九名

牛魯　貫順天府[illegible]寶坻縣民籍　國子生

治春秋字道[illegible]行四年二十六十月初十日生

曾祖[illegible]　祖富[illegible]　父鴻[illegible]　母呂氏

具慶下　兄[illegible]　娶芮氏

順天府鄉試第[illegible]　會試第十九名

李寅 貫浙江處州府縉雲縣民籍 國子生

治易經字敬之行三十四年三十七十二月初四日生

曾[illegible] 父[illegible] 母陶氏

重慶下 弟賓 寬 寧 寅 完 娶周氏

浙江鄉試第五十七名 會試第一百八十七名

張承仁 貫直隸揚州府泰州[illegible]籍 國子生

治詩經字君[illegible]行一年三十三七月初四日

曾祖原善 祖敏學 父[illegible] 母徐氏

具慶下 弟承義 娶唐氏 周氏

應天府鄉試第一百二十三名 會試第五十九名 封安人

宋以方 貫湖廣[illegible]州衛官籍[illegible]府[illegible]縣人 國子生
治詩經字[illegible]行一 年二十正月初七日生
曾祖文勝 祖誠 父綱 母周氏
具慶下 弟以中 以正 娶馮氏
湖廣鄉試第六十四名 會試第一百二十八名

魏廷楫 貫湖廣岳州府華容縣軍籍 國子生
治書經字[illegible]行二 年三十五閏九月初三日生
曾祖瓊 祖傲 父允與[illegible] 母魯氏
慈侍下 兄廷祚[illegible]知州 娶陳氏
湖廣鄉試第五十二名 會試第九十六名

安金

貫直隸揚州府江都縣籍山西陽曲縣人 國子生

治易經字汝礪行二年三十五八月十四日生

曾祖暘 祖貴 父敬承事郎 母李氏 繼母施氏

慈侍下 兄玉承事郎 娶鄭氏 繼娶路氏 項氏

應天府鄉試第十七名 會試第二百二十名

沈環

貫應天府上元縣匠籍直隸蘇州府長洲縣人 儒士

治書經字德楓行二年三十一四月二十二日生

曾祖讓 祖安贈 父奉進贈 母賀氏

具慶下 兄璣 瓊 弟璣 娶吳氏

應天府鄉試第八十四名 會試第二百十名

江珏

貫江西撫州府金谿縣官籍 國子生

治書經字元威行十八年二十七三月初一日生

曾祖栢舟 祖濂渭 父貫 [illegible] 母彭氏

慈侍下 兄瓏 瑚 瑁 塔 璁 娶黃氏

江西鄉試第八十一名 會試第二百八十名

沈暕

貫浙江處州府雲和縣民籍 國子生

治書經字景明行十三年四十十一月二十五日生

曾祖壽 祖偉 父綸 母梁氏

永感下 兄暕 弟晦 娶金氏

浙江鄉試第八十二名 會試第六十四名

甯河　貫古北口鎮虜營遵化衛軍籍山西稷山縣人　順天府儒學生
治禮記經字伯東行一年三十七十月初十日生
曾祖實嗣　祖剛壽官　父貴舍人　母朱氏
慈侍下　娶張氏
順天府鄉試第三十六名　會試第二百十四名

王進賢　貫河南南陽府鄧州軍籍　國子生
治詩經字國賓行一年四十五月二十一日生
曾祖寬　祖鑑　父玠監生　母周氏　繼母黃氏
具慶下　弟進遠　娶杜氏　繼娶姜氏
河南鄉試第十六名　會試第二百六十二名

陳銑

貫福建福州府閩縣民籍　國子生

治易經字克淵行一年三十一十一月初九日生

曾祖慶　祖綰　父珪　前母鄭氏　母林氏

具慶下　兄[illegible]　弟[illegible]　娶王氏

福建鄉試第六十五名　會試第二百六十五名

柴義

貫錦衣衛官籍浙江杭州府仁和縣人　京衛武學生

治易經字時中行二年三十三二月二十九日生

曾祖秀春贈錦衣衛百戶　祖清贈錦衣衛百戶　父澗錦衣衛百戶　母黃氏封太人

具慶下　兄仁　弟禮義官　娶孫氏

順天府鄉試第八十五名　會試第二百九十三名

孫脩　貫錦衣衛旗籍直隸廣平府邯鄲縣人　國子生

治詩經字南吉行四年二十八五月二十六日生

曾祖世安　祖貴贈指揮同知　父顒贈指揮同知　前嫡母王氏　生母孫氏

慈侍下　兄俊指揮同知　傑　儒小旗　娶顧氏

順天府鄉試第十九名　會試第六十五名

陸芸　貫雲南金齒司軍籍直隸吳縣人　國子生

治詩經字時邃行六年三十二閏六月十八日生

曾祖琦　祖禎　父鏞　母康氏

具慶下　兄蕃　芮　芳　慧　爽　弟葦　葯　娶陳氏

雲南鄉試第二十八名　會試第一百十名

張九敘 貫山東濟南府武定州商河縣軍籍 國子生

治書經字禹功行四年三十三[illegible]月初五日生

曾祖宗岩 祖紳 知州加朝列大夫 贈中憲大夫知府 父杏[illegible] 母[illegible]氏[illegible]

具慶下 兄九成監生 九思七品散官 九澤[illegible] 九卿[illegible] 九[illegible] 娶劉氏

山東鄉試第七名 會試第二百八十九名

陳策 貫山東兗州府單縣民籍 國子生

治書經字萬言行一年三十四六月二十五日生

曾祖英 祖塤 贈通政使司左通政 父勗 贈通政使司通政 母畢氏 封宜人

具慶下 娶趙氏 繼娶劉氏

山東鄉試第五十四名 會試第一百十六名

姚繼巖 貫直隸揚州府通州民籍 州學生

治禮記字元肖行三年二十四九月二十八日生

曾祖景璠 祖敬 父應敏論 前母胡氏 母趙氏

嚴侍下 兄繼崇 弟嵩 崋 嶷 巃 娶黃氏

應天府鄉試第四十九名 會試第一百十三名

詹源 貫福建泉州府安溪縣民籍 國子生

治易經字士濂行三年二十七七月二十六日生

曾祖乾清 祖靖 州同 父進 母林氏

慈侍下 兄濟 瀋 弟淦 娶林氏

福建鄉試第四十三名 會試第十四名

劉節　貫江西南安府大庾縣軍籍　國子生

治詩經字介夫行二年三十十二月二十六日生

曾祖文遠　祖原芳　父海舉　母歐氏

慈侍下　兄暴　弟雨　娶周氏

江西鄉試第一名　會試第六名

潘旦　貫直隸徽州府婺源縣軍籍　府學生

治書經字希周行一年二十十二月二十三日生

曾祖澤生　祖貴廉　父徐賢　母戴氏

具慶下　弟照　昉　暕　娶程氏

應天府鄉試第二十四名　會試第三十三名

王良翰 貫直隸蘇州府常熟縣匠籍 國子生
治詩經字仲申行二年四十四四月初四日生
曾祖廸 祖玄譽 父乾 母蔣氏
永感下 兄良輔 娶呂氏
應天府鄉試第二十九名 會試第一百四十三名

陳錫 貫廣東廣州府南海縣民籍 國子生
治易經字祐[illegible]行一年四十二正月二十二日生
曾祖稜 祖思賢 父琪[illegible] 母林氏
永感下 弟[illegible] 鋑 鑑 鎮 娶伍氏
廣東鄉試第十九名 會試第一百三名

張錦 貫河南開封府睢州民籍 訓導

治禮記字文[illegible]行一年三十九十月十八日生

曾祖貴 祖敬 父輝 [illegible] 母孫氏

慈侍下 弟鐸 娶柳氏

河南鄉試第二十八名 會試第十二名

曹琥 貫直隸廬州府無為州巢縣軍籍 國子生

治春秋字瑞卿行二年二十八五月初六日生

曾祖儀 祖亨 知縣 父廣 教諭 前母陳氏 母高氏 繼母許氏

具慶下 兄環 貢士 娶張氏

應天府鄉試第一百三名 會試第一百十二名

廖紀

貫直隸九江衛官籍湖廣黃梅縣人 國子生

治詩經字惟愼行二年三十二四月二十六日生

曾祖榮貴 祖暹 父霞 百戶 母潘氏

具慶下 兄綱 百戶 弟綸 紡 繼 綬 維 娶馮氏

江西鄉試第七十五名 會試第二百十一名

聞淵

貫浙江寧波府鄞縣民籍 縣學增廣生

治易經字靜中行一年二十六七月十二日生

曾祖可信 祖寧 父元奎 母何氏

慈侍下 弟[illegible] 娶曾氏

浙江鄉試第六十八名 會試第二百八名

蔡潮　貫浙江台州府臨海縣民籍　國子生

治春秋字[illegible]村三年三十九六月二十八日生

曾祖明善　祖存[illegible]　父永昇大使　母杜氏

永感下　兄湘　渥　淪　沖　崇　浹　淵　澗　娶陳氏　繼娶洪氏

浙江鄉試第五名　會試第十一名

方學　貫直隸常州府無錫縣軍籍　國子生

治詩經字曰升行四年四十十一月十五日生

曾祖敏道　祖鑑　父碣　母王氏

具慶下　兄庠　序　塾　弟絅　娶鄒氏

應天府鄉試第十五名　會試第一百四十八名

張繼孟　貫錦衣衛籍浙江仁和縣人　順天府學生
治書經字士醇行一年二十九六月二十六日生
曾祖彥和　祖全　父泰　母劉氏
具慶下　娶郎氏
順天府鄉試第四十三名　會試第十六名

周墨　貫直隸蘇州府太倉州民籍　國子生
治詩經字文鄉行二年三十七九月十四日生
曾祖以舟承事郎　祖圯　父峻　母徐氏　繼母凌氏
具慶下　兄坤監生　弟壁　墊　坦　娶龔氏
應天府鄉試第七十六名　會試第二百二十六名

劉鵬

貫神策衛軍籍山西太原府石州人 國子生

治詩經字大舉行一年二十八七月十一日生

曾祖福源 祖聚 父華 母王氏

具慶下 娶王氏 繼娶羅氏

順天府鄉試第四十名 會試第一百三十七名

向文璽

貫湖廣荊州府夷陵州宜都縣民籍 州學生

治易經字國信行六年二十六八月初五日生

曾祖中庸 祖庭蕙 父冕 前母吳氏 母吳氏

具慶下兄文琳文琇文璉文瑞弟文璧文琮 娶謝氏

湖廣鄉試第二十五名 會試第二百五名

盛儀 貫直隸揚州衛軍籍江都縣人 國子生

治易經字德彰行三年二十九正月二十二日生

曾祖彬 祖安 父弘 母董氏

具慶下 兄儒 健 弟俊 傑 佐 佑 娶姜氏

應天府鄉試第六名 會試第二百十二名

李志剛 貫四川成都左護衛軍籍陝西涇陽縣人 國子生

治詩經字近仁行二年三十八三月初八日生

曾祖仁信 祖元 父明 母張氏

永感下 兄志清 娶党氏

四川鄉試第五十八名 會試第二百五十七名

顧可學 貫直隸常州府無錫縣民籍 縣學生

治書經字與成行一年二十四四月初二日生

曾祖壽 祖信 父懋（進士知州） 母馬氏

具慶下 弟可適 可立 可久 可大 可觀 可賢 可宗 娶馬氏

應天府鄉試第九十九名 會試第一百三十九名

閔槻 貫直隸河間府任丘縣民籍 國子生

治詩經字公甫行一年二十九九月初五日生

曾祖彝（貢士） 祖琦 父定（聽選官） 母卞氏

具慶下 弟楷（同科進士） 娶顧氏

順天府鄉試第十四名 會試第四十一名

林文迪 貫福建福寧州寧德縣民籍 國子生
治書經字建睿行五年四十六月二十四日生
曾祖觀訓導贈都察院右都御史 祖季誠 父著知縣 母鄭氏
慈侍下 弟文通 文遷 娶黃氏
福建鄉試第一名 會試第四十八名

張伯相 貫四川重慶府合州銅梁縣民籍 國子生
治書經字秉鈞行一年四十十月初七日生
曾祖文煥 祖懷 父有慶 母朱氏
嚴侍下 弟伯麟 娶余氏
四川鄉試第六十三名 會試第二百八十四名

陳簀

貫福建興化府莆田縣軍籍 縣學生

治詩經字鳴韶行一年三十四月初二日生

曾祖子雲 祖謙亭 父直齋 母許氏

具慶下 弟簠 娶姚氏

福建鄉試第五十三名 會試第一百七名

鄭銘

貫廣東廣州府新會縣軍籍 國子生

治詩經字克新行一年四十一十月十八日生

曾祖觀生 祖崇文 父琦 母譚氏 繼母麥氏

具慶下 弟鑑 鍪 金 銚 娶李氏

廣東鄉試第五十三名 會試第一百六十七名

張綬 貫錦衣衛籍直隸河間府滄州興濟縣人 國子生

治易經字朝用行二年三十四正月初二日生

曾祖宗演 祖瑄 父鑑 前母胡氏 母劉氏

具慶下 兄紳 娶馬氏

順天府鄉試第二十四名 會試第一百七十一名

馮友端 貫陝西慶陽府寧州民籍西安府涇陽縣人 國子生

治書經字德卿行六年四十二九月初十日生

曾祖良輔 祖冊 [illegible] 父時 [illegible] 母劉氏 [illegible]

永感下 兄試春 友才 友志 友諒 弟友參 友龔 友芳 娶袁氏

陝西鄉試第五十五名 會試第一百四十九名

陳鄉　貫四川敘州府宜賓縣民籍　府學生

治易經字汝忠行三年二十八十一月二十二日生

曾祖原　祖志遠　父紀　母向氏

具慶下　兄輔[illegible]　弟紬　娶戴氏

四川鄉試第三十六名　會試第一百二十二名

林文纘　貫福建福州府侯官縣民籍　國子生

治易經字德緒行九年三十六五月初十日生

曾祖信任　祖秀[illegible]南京刑部主事　父璘貢士　母王氏[illegible]

慈侍下　兄文穡　娶吳氏

福建鄉試第八十一名　會試第二百九十五名

孫泰

貫浙江湖州府歸安縣民籍 國子生
治書經字時寅行三年二十九十月二十五日生
曾祖永昌 祖元瑞 父寅 母費氏
具慶下 兄豫 復 弟益 萃 娶楊氏
浙江鄉試第七十六名 會試第一百六十九名

方位

貫江西廣信府弋陽縣民籍 國子生
治書經字性立行七十六年三十九九月十七日生
曾祖伯庠 祖忠諒 父重[illegible] 母張氏
永感下 兄岳 [illegible] 侵 伯[illegible] 娶熊氏 繼娶李氏
江西鄉試第三十二名 會試第二百七十二名

李緋 貫河南汝寧府光州固始縣軍籍 國子生
治詩經字廷宣行五年三十四六月十六日生
曾祖子實 祖瑄 父顯尊 母陳氏
具慶下 兄碧 翠 弟綠 紺 娶張氏
河南鄉試第六名 會試第二百七名

徐子熙 貫浙江紹興府上虞縣軍籍 縣學生
治禮記字世昭行一年五十十月初三日生
曾祖彥誠 祖清 父杰 主簿 母王氏 繼母齊氏
慈侍下 弟子然 子燕 子謙 子奇 娶陳氏
浙江鄉試第二名 會試第一百一名

胡東皐 貫浙江紹興府餘姚縣軍籍 國子生

治書經字汝登行四年三十四十二月十二日生

曾祖安 祖禮 父暉 母柴氏

重慶下 兄東山 東[illegible] 東陽 弟東湖 東明 東源 東津 東淵 東流 娶孫氏

浙江鄉試第四十二名 會試第二百二十五名

劉淓 貫浙江寧波府慈谿縣民籍 縣學生

治詩經字伯[illegible]行四十二年二十五四月初六日生

曾祖燮 祖瑄 文綠 母王氏

永感下 兄海 潭 澄 汶 淳 洪 娶錢氏

浙江鄉試第七十名 會試第九十五名

李源

貫福建泉州府晉江縣民籍　國子生

治易經字士達行二年三十七八月初四日生

曾祖弦　祖應識　父世亮　母陳氏

具慶下　兄需　景淵　娶莊氏

福建鄉試第七十五名　會試第六十三名

郭灌

貫江西吉安府廬陵縣民籍　國子生

治易經字士達誠行三十一年三十二三月初三日生

曾祖允堅　祖安頤　父欽　母蕭氏

具慶下　兄淮舉五　瀚　弟泗　娶王氏　繼娶李氏

江西鄉試第七十八名　會試第六十六名

蔡霦 貫金吾右衛官籍直隸太平府繁昌縣人 國子生

治易經字時用行三年二十八十月二十九日生

曾祖貫（衛指揮僉事） 祖保（衛指揮僉事） 父英（衛指揮僉事 見任左所） 前母胡氏（封淑人） 母尚氏

慈侍下 兄霖（見任指揮） 霂（承蔭） 霙 弟霆 霖 霑 霔 娶魏氏

順天府鄉試第七十七名 會試第四十六名

諸絢 貫浙江紹興府餘姚縣匠籍 國子生

治禮記字用晦行十五年三十六二月初八日生

曾祖勝宗 祖坪 父諫（贈□） 母周氏 繼母毛氏

具慶下 兄綵（貢士） 縝 紘 績 紘 紋 弟綸 約 絡 纓 綃 維 娶張氏

浙江鄉試第二十二名 會試第二百六十七名

熊遇

貫河南儀衛司校尉籍江西德化縣人　寧府學生

治詩經字道夫行一年二十八五月初四日生

曾祖貴　祖旺　父纂　母劉氏

具慶下　弟進　達　遐　娶白氏

河南鄉試第三名　會試第五十七名

向一陽

貫四川成都府雙流縣民籍湖廣巴陵縣人　國子生

治易經字汝夔行二年三十六十二月二十三日生

曾祖文貴　祖洪　父明　嫡母黃氏　生母方氏

慈侍下　兄南陽　弟開陽　輝陽　得陽　娶聶氏　繼娶姜氏

四川鄉試第五十八名　會試第七十四名

王忠 貫四川瀘州民籍 國子生

治書經字顯之行六年三十五十月二十九日生

曾祖文諒 祖質 父廷寅任學正 嫡母劉氏 生母劉氏

慈侍下 兄愛 寵 慶 惠 恩 弟寧 意 愈 娶龔氏

四川鄉試第四十六名 會試第二百九十六名

安邦 貫四川重慶府巴縣民籍 國子生

治書經字彥臣行五年三十六五月十四日生

曾祖常泰 祖忠 父本高 母魏氏 繼母莊氏

具慶下 兄仁 禮 詳 俊 弟傑 偉 份 備 和 娶蘇氏

四川鄉試第七名 會試第二百五十一名

余洪恩 貫湖廣黃州府黃岡縣軍籍 國子生

治春秋字子承行五年二十三十月二十五日生

曾祖必文 祖凱 父從善 貢士 母宋氏

具慶下 兄[illegible][illegible]濟 弟洪猷 洪範 洪德 娶姜氏

湖廣鄉試第二十七名 會試第一百五十三名

舒表 貫四川重慶府合州銅梁縣竈籍 國子生

治詩經字士民望行二年三十七正月二十三日生

曾祖志高 祖全 父道興 母高氏

慈侍下 兄商 娶楊氏

四川鄉試第四十二名 會試第八十一名

楊函

貫直隸蘇州府嘉定縣民籍　縣學增廣生

治詩經字厚甫行三年三十一八月二十三日生

曾祖畦　祖羲　父琛　前母周氏　母陳氏

永感下　兄岊　嶅　弟嵒　嵤　山　娶孫氏

應天府鄉試第六十一名　會試第三十五名

詹奎

貫四川重慶府巴縣軍籍　國子生

治禮記字應元行一年二十八二月十三日生

曾祖信　祖伯高　父秉祿　母楊氏

重慶下　弟壁　垔　堂　[illegible]　思　娶劉氏

四川鄉試第十名　會試第三十九名

馬陳圖 貫浙江湖州府安吉縣民籍烏程縣人 國子生

治易經字孟獻[illegible]行三年三十六十月十七日生

曾祖景昌 祖福 父安 前母蔡氏 母殷氏

慈侍下 兄文鉞 弟鑑 娶葛氏

應天府鄉試第九名 會試第四十四名

袁擯 貫山東濟南府德州民籍 國子生

治春秋字接之行一年三十四十二月二十五日生

曾祖清 祖福 分入通貢士 母鍾氏

慈侍下 弟椆 切 娶陳氏

山東鄉試第五名 今會試第一百四十二名

張麒 貫錦衣衛官籍陝西澄城縣人 國子生

治易經字子仁行一年二十九九月初八日生

曾祖昇 祖智 父貞錦衣衛大漢將軍百戶 母盧氏

具慶下 弟麟 娶蔣氏

順天府鄉試第七十六名 會試第二百三十五名

郭楫 貫浙江嘉興府崇德縣軍籍杭州府海寧縣人 國子生

治詩經字仲濟行一年三十七六月初七日生

曾祖子京 祖彥康禮部儒學 父漢 母謝氏

具慶下 弟棻 楠 樑 娶陳氏

浙江鄉試第十九名 會試第二百五十三名

張瓚 貫府軍左衛官籍直隸河間府滄州人 國子生
治易經字廷獻行一年三十三九月二十五日生
曾祖聚副千戶武略將軍 祖昆副千戶武略將軍 父傑副千戶 母王氏 繼母崔氏
具慶下 娶王氏 繼娶楊氏
順天府鄉試第八十名 會試第一百九名

謝訥 貫湖廣衡州府耒陽縣軍籍 國子生
治詩經字尚敏行三年四十一正月十四日生
曾祖永昌 祖必賢知州 父文祥縣丞前監察御史 母李氏
慈侍下 兄諮府通判 詎貢士 弟諤 誨 言 訪 娶張氏
湖廣鄉試第三名 會試第八十四名

陳定之

貫浙江溫州府永嘉縣民籍　縣學生

治詩經字準卿行二年二十七九月二十二日生

曾祖武韶　祖珙　父魁　母湯氏

具慶下　兄行之 過例 [illegible]　娶林氏

浙江鄉試第二十七名　會試第一百五十四名

徐禎卿

貫直隸蘇州府太倉州軍籍　國子生

治詩經字昌穀行一年二十七閏十月初十日生

曾祖良　祖贇　父璽 [illegible]　母張氏　母居氏　繼母施氏

具慶下　弟祥卿　娶高氏

應天府鄉試第七十二名　會試第七十名

張簡 貫直隸常州府江陰縣軍籍浙江臨安縣人 縣學生
治書經字允敘行三年四十一正月二十日生
曾祖平毛 祖大川 父紀 母沈氏
具慶下 兄籥 策 娶湯氏
應天府鄉試第一百十五名 會試第三十六名
萬鏜 貫江西南昌府進賢縣民籍 縣學增廣生
治禮記字仕鳴行十八年二十一十月二十七日生
曾祖德銓 祖原和教授贈通判 父福南京刑部郎中 母饒氏封宜人
重慶下 兄仕勝 仕會 鎰 仕欽 銑 鐮 鐙 弟鎬 娶楊氏
江西鄉試第二名 會試第一百八十六名

第三甲二百五名

賜同進士出身

段晃

貫陝西臨洮府蘭州軍籍山西陽曲縣人 國子生

治易經字德光行二年三十一一月初四日生

曾祖鳴鶴 博士 祖[illegible] 父[illegible] 嫡母[illegible]氏 生母楊氏

慈侍下 兄晟 弟曷 晃 吴 娶石氏

陝西鄉試第二十二名 會試第十七名

王良佐 貫湖廣荊州府夷陵州民籍 國子生
治詩經字明遇行三年三十二七月初十日生
曾祖文選[illegible] 大[illegible]父[illegible] 母劉氏[illegible]
具慶下 兄[illegible] 娶伍氏[illegible]
湖廣鄉試第三十四名 會試第二百八十一名
田瀾 貫陝西西安府長安縣民籍 國子生
治詩經字汝觀行三年二十八正月二十八日生
曾祖景春 祖懋[illegible] 父耕教授 前母馬氏 [illegible] 母李氏
慈侍下 兄溥 濬 弟源 娶張氏
陝西鄉試第三十八名 會試第三十二名

周明卿 貫直隸蘇州府吳縣民籍 國子生

治書經字夢良行一年三十八二月二十八日生

曾祖用潛 祖宗和 父祥知州 前母王氏 母黃氏

慈侍下 兄璞 弟明佑 明俊 娶趙氏

應天府鄉試第十六名 會試第一百四十七名

蔡天祜 貫河南開封府睢州軍籍 國子生

治易經字成之行一年三十六月初一日生

曾祖青 祖敬贈奉直大夫 父晟知府 嫡母胡氏封宜人 生母劉氏

慈侍下 弟天祚 天祥 娶韓氏

河南鄉試第四十七名 會試第二百五十四名

黃質 貫山東東昌府濮州范縣軍籍 國子生

治禮記字文之行二年三十一六月初七日生

曾祖叔昭(知縣) 祖述 父儒 前母王氏 母劉氏

具慶下 兄貫 弟賓 娶宋氏

山東鄉試第四十二名 會試第二百二十八名

劉澄亮 貫江西臨江府新喻縣匠籍 國子生

治詩經字彥明行四年四十八十二月二十五日生

曾祖仲經 祖閏節 父定(聽選官) 母胡氏

嚴侍下 弟澄爍 澄霖 澄灝 澄曄 娶傅氏

江西鄉試第六十名 會試第二百六十名

江文敏

貫直隸寧國府旌德縣民籍　縣學生

治詩經字克學行五年二十五十一月二十五日生

曾祖義興　祖尚智 贈戶部主事　父漢 知府　前母胡氏 贈安人　母劉氏 封宜人

慈侍下　兄吉　輔　文　欽　弟惕　娶郭氏　繼娶劉氏

應天府鄉試第一百十八名　會試第一百八十八名

區越

貫廣東廣州府新會縣軍籍　國子生

治易經字文廣行一年三十八十月二十八日生

曾祖子全　祖觀養　父鑑　母梁氏　繼母唐氏

具慶下　弟超　起　趙　赶　娶蔡氏

廣東鄉試第七名　會試第八十六名

王儼

貫直隸揚州府江都縣軍籍　國子生

治易經字世望行二年三十九十月十八日生

曾祖福興　祖昱　父成（州判官）　母薛氏　繼母朱氏

具慶下　兄儒　弟偉（貢士）　侃　娶杜氏

應天府鄉試第一百九名　會試第二百七十八名

陳墀

貫福建福州府閩縣民籍　國子生

治春秋字德階行二年三十八正月初七日生

曾祖周（封監察御史）　祖叔剛（翰林院侍讀）　父爌　母葉氏

永感下　弟璽　異　墇　達（同科進士）　娶黃氏

福建鄉試第十九名　會試第六十一名

鄭行 貫福建福州府閩縣民籍 懷安縣學生

治春秋字世濟行六年三十三九月二十四日生

曾祖埜壽 祖文韶 父明 前母張氏 母陳氏 繼母陳氏

具慶下 兄時佐同知 時僴 時霈 時碧 弟時澤 娶陳氏 繼娶陳氏

福建鄉試第十二名 會試第九十三名

胡鐸 貫浙江紹興府餘姚縣民籍 國子生

治易經字時振行三十二年三十五十二月十八日生

曾祖仲達 祖宗傑 父克和 母黄氏

慈侍下 兄鏞 錬 鐔 弟鏊 鏻 鈞 娶周氏

浙江鄉試第一名 會試第三十七名

葉溥

貫浙江處州府龍泉縣民籍　國子生

治春秋字時用行一年三十五二月廿九日生

曾祖崇茂　祖義昌　父彥鐵　母陳氏

具慶下　娶沈氏　繼娶詹氏

浙江鄉試第五十四名　會試第一百六十八名

劉恒

貫江西吉安府吉水縣民籍　國子生

治易經字以貞行五年四十三十二月初六日生

曾祖仕贍主簿　祖膺定　父錦　嫡母羅氏　謝氏　生母何氏

永感下　兄厥彝　厥中　弟厥厚　娶宋氏

江西鄉試第三十一名　會試第一百二十六名

王鏜 貫大寧都司營州中屯衛官籍直隸徐州人 國子生

治詩經字存賢行五年三十五七月二十八日生

曾祖春 祖瑁 父林 母李氏

具慶下 兄雄百戶 欽 鑑 英 娶許氏

順天府鄉試第七十六名 會試第二百二十九名

陳達 貫福建福州府閩縣民籍 縣學增廣生

治春秋字德夫行六年二十四八月二十四日生

曾祖週封監察御史 祖叔復贈監察御史 父珪[illegible] 母葉氏

具慶下 兄墀戶科進士 弟臺 逵 遲 娶王氏

福建鄉試第八十一名 會試第一百二十七名

黃著
貫廣東廣州府順德縣軍籍　國子生
治禮記字子敬行一年三十八二月初七日生
曾祖祐廣　祖康長　父俊巡檢　母尹氏　繼母馮氏
具慶下　兄洪　弟照　暄　旦　娶譚氏
廣東鄉試第九名　會試第一百十九名

胡遠
貫江西臨江府新喻縣民籍　國子生
治詩經字子明行十八年三十九正月十五日生
曾祖子浩　祖方紀　父象巽　母廖氏
具慶下　弟淵澮　淵濟　淵丸　娶袁氏
江西鄉試第五十七名　會試第一百六十四名

王堯封 貫直隸保定府定興縣民籍 縣學生

治書經字伯圻行二年二十八七月十六日生

曾祖興 祖得辛 父諒 母韋氏

具慶下 兄堯卿 弟堯谷 娶宋氏

順天府鄉試第七十九名 會試第一百六十五名

鄧鑾 貫浙江杭州府仁和縣竈籍 國子生

治易經字鳴仲行一年三十六正月初十日生

曾祖子正 祖福 父懋 前母俞氏 母馬氏

慈侍下 弟鑾 娶朱氏

浙江鄉試第九十名 會試第二百九十一名

易謨 貫河南汝寧府光州固始縣民籍 縣學增廣生

治詩經字嘉言行一年三十四十月十三日生

曾祖緯判官 祖泰 父麟[illegible] 母鄧氏

具慶下 弟詔 訪 訓 諭 謹 詠 試 誥 娶余氏

河南鄉試第五十三名 會試第二百四十四名

劉藍 貫江西吉安府安福縣軍籍 國子生

治春秋字子青行六年四十十二月十八日生

曾祖貴良 祖拱[illegible]封員外郎 父絪 母顏氏

具慶下 兄孟布政參政[illegible] 藍 孟 弟子明貢士 子厲監察御史 娶李氏

江西鄉試第九名 會試第二百四十六名

朱館　貫湖廣永州府道州民籍　州學增廣生

治易經字以獻行二年二十三四月初四日生

曾祖設壽官　祖紹統　父文淵　母何氏

重慶下　兄鉦　娉廖氏

湖廣鄉試第六名　會試第一百十七名

劉紘　貫江西吉安府安福縣民籍　縣學增廣生

治春秋字景曄行三十三年二十八二月十三日生

曾祖伯文贈禮部主事　祖鏈　父劍　母王氏

永感下　兄紡　緯　縱　弟絳　娶謝氏

江西鄉試第四十八名　會試第一百八十一名

顧綸

貫直隸蘇州府嘉定縣民籍　國子生

治詩經字朝平行一年三十八正月初一日生

曾祖孟理　祖澄　父珩　母葛氏　繼母丁氏　姚氏

永感下　娶唐氏

應天府鄉試第五十四名　會試第一百三十一名

鄭一初

貫廣東潮州府揭陽縣民籍　縣學生

治書經字朝朔行一年三十二月初一日生

曾祖克章　祖宜思　父世安　母黃氏

重慶下　弟昭　挺　琮　模　璧　璐　昇　玠　韡　娶陳氏

廣東鄉試第四名　會試第二十一名

吳華 貫江西撫州府臨川縣軍籍 府學生

治詩經字德輝行六年三十八七月初一日生

曾祖武 祖肇 父甫 母黃氏

具慶下 弟蘭 英 娶揭氏 繼娶黃氏

江西鄉試第十六名 會試第一百九十八名

張叔安 貫四川成都府內江縣民籍 國子生

治書經字岳卿行二年二十八八月初六日生

曾祖彥理陰陽官贈戶部主事 祖介知府 父作表 母李氏

重慶下 [illegible] 娶劉氏

四川鄉試第十五名 會試第一百八十五名

李玨 貫直隸大名府開州民籍 州學生

治書經字廷重行一年二十五三月初十日生

曾祖寬 祖欽 父成 前母吳氏 母孫氏 繼母張氏

慈侍下 娶秦氏

順天府鄉試第五十九名 會試第四十名

王坊 貫浙江台州府黃巖縣匠籍 縣學生

治詩經字崇賢行三年三十一八月初四日生

曾祖宗民 祖秬州判官封刑部主事 父弼知府 母丁氏封安人

重慶下 兄培 增 弟墀 璽 垌 臺 娶孫氏

浙江鄉試第六名 會試第二百九名

馬思聰

貫福建興化府莆田縣軍籍 府學生

治詩經字懋聞行三年三十六二月二十七日生

曾祖貴孫 祖璽 父純仁 母方氏

慈侍下 弟思温 思忠 娶鄭氏

福建鄉試第六十五名 會試第一百三十四名

高公韶

貫四川成都府內江縣民籍 國子生

治書經字大和行十一年二十六七月二十二日生

曾祖明 祖友恭知縣 父齊南府通判 前母李氏 母李氏

慈侍下 兄公庭生 公堂義官 公冕 公元 公寧大使 公卿知縣 弟公夏 公冀 娶田氏

四川鄉試第六十八名 會試第一百五十七名

曾瑀

貫湖廣衡州府桂陽州匠籍　州學生

治禮記字朝儀行三年三十七八月十一日生

曾祖義通　祖諒典史　父倫　母劉氏

具慶下　兄琪　琳　弟瑛　玠　娶蕭氏

湖廣鄉試第四十五名　會試第一百三十五名

邵廷璦

貫湖廣衡陽衛軍籍福建福州府懷安縣人　府學生

治詩經字可愛行四年二十二三月十七日生

曾祖義　祖鏘　父[illegible]　嫡母張氏　生母王氏

重慶下　兄廷[illegible]　廷璜　廷璡　娶[illegible]氏

湖廣鄉試第四十二名　會試第九十九名

區行

貫廣東廣州府順德縣軍籍　國子生
治詩經字屯行行六年三十六正月二十七日生
曾祖願　祖銘善　父班　嫡母黃氏　生母盧氏
慈侍下　兄良　文興　文瀚　文會　文源　娶羅氏
廣東鄉試第二十六名　會試第一百八十二名

鮮冕

貫四川重慶府巴縣民籍　國子生
治詩經字文卿行三年二十八正月十六日生
曾祖宗　祖永華　父俊州同知　母李氏
具慶下　兄繁　衮　弟瑚　娶陳氏
四川鄉試第二十八名　會試第二百九十四名

黃瑗

貫福建泉州府晉江縣民籍　國子生

治易經字純玉行七年三十四十一月初四日生

曾祖仲章　祖大光　父勝　母江氏　繼母吳氏

具慶下　兄寬貢士　弟訥　確　烈　娶蘇氏

福建鄉試第五十七名　會試第二十三名

王一麟

貫四川眉州青神縣民籍　國子生

治詩經字明瑞行六年三十三十月初七日生

曾祖真　祖必高　父坤　前母孫氏　母謝氏

具慶下　兄伯昌伯清伯瀛伯萬伯政弟伯海伯濱　娶楊氏

四川鄉試第三十七名　會試第五十一名

張鎔

貫府軍左衛軍籍直隸大名府開州人 國子生

治易經字從範行二年三十三十二月初八日生

曾祖本 祖林 父賓 前母李氏 母米氏

具慶下 兄鈺 弟釗 娶劉氏

順天府鄉試第十五名 會試第二百九十八名

吳昂

貫浙江嘉興府海鹽縣民籍 縣學生

治書經字德翼行二年三十六正月初七日生

曾祖繼 祖顯過例冠帶 父寬 前母馬氏 母鄭氏

重慶下 兄昇 弟冕 昱 畢 娶陳氏

浙江鄉試第十四名 會試第一百三十二名

孫樂 貫山東登州府福山縣軍籍 縣學生

治禮記字燮卿行五年三十二七月十五日生

曾祖彥斌贈知府 祖遇左布政使贈正奉大夫正治卿 父玹尚寶司少卿 母李氏封淑人

慈侍下 兄棨監生 槃 鰲同科進士 栗 弟燊 桼 杲 棐 栞 棗 泉 娶崔氏 繼娶賈氏

山東鄉試第七十二名 會試第八十三名

林潮 貫福建泉州府晉江縣民籍 府學生

治易經字君信行一年三十六七月初四日生

曾祖克玉 祖資允 父凱 母楊氏 繼母黃氏

嚴侍下 弟潾 沂 潘 澄 娶蔡氏

福建鄉試第十一名 會試第二百四十一名

董琦　貫山東濟南府武定州陽信縣民籍　縣學生

治詩經字天粹行一年三十四十一月初一日生

曾祖禮　祖子友　父舜迪徵　母吳氏

具慶下　弟珏　瑚　璉　娶王氏

山東鄉試第七名　會試第一百十五名

楊鏓　貫錦衣衛籍順天府涿州房山縣人　國子生

治書經字克平行一年二十九閏二月十一日生

曾祖得春　祖清　父禮錦衣衛百戶　母田氏

具慶下　弟銳貢士　鎰　娶王氏　繼娶王氏　劉氏

順天府鄉試第一百十九名　會試第一百二十九名

高淓 貫直隸揚州府江都縣軍籍 國子生

治易經字宗之行十二年三十六十二月初一日生

曾祖直 贈通議大夫右副都御史 祖亨 封左副都御史贈通議大夫右副都御史 父銓 正議大夫資治尹南京工部右侍郎 母許氏 封淑人

具慶下 兄漢 進士 [illegible] 娶楊氏

應天府鄉試第一百三十名 會試第五十名

馬卿 貫河南彰德府林縣民籍 國子生

治詩經字敬臣行二年二十七十二月十二日生

曾祖顒 通判 祖麟 父圖 知縣 母申氏

具慶下 弟御 娶王氏

河南鄉試第十三名 會試第八十九名

劉寓生

貫湖廣荆州府石首縣軍籍 國子生

治書經字奇進行七年二十三八月初五日生

曾祖誠 祖敎縣丞 父偉 母鄭氏

具慶下 兄寓春 弟寓昌 娶姚氏

湖廣鄉試第四名 會試第一百七十二名

程文

貫直隸徽州府婺源縣民籍 國子生

治書經字煥章行一年五十三九月十七日生

曾祖欒善 祖璧安 父廣南京戶部主事 母汪氏

慈侍下 弟顯 大 娶余氏 繼娶張氏

應天府鄉試第七十七名 會試第一百名

郭濂

貫山東濟南府濟陽縣軍籍山西猗氏縣人　國子生
治書經字希周行一年三十七八月初三日生
曾祖鉞訓導　祖鼎　父鋼縣丞　母朱氏　繼母吳氏
具慶下　弟淇　洙　娶王氏
山東鄉試第三十八名　會試第五十六名

陳言

貫福建福州府長樂縣民籍　國子生
治詩經字獻可行七年三十五月廿一日生
曾祖子英　祖德氏　父公祜　母唐氏
具慶下　弟伯瑋　娶翁氏
福建鄉試第二十五名　會試第二百四十名

朱表 貫直隸蘇州府太倉州民籍 國子生
治詩經字民望行一年四十四十月二十五日生
曾祖明 祖賢推官 父珙 母張氏
永感下 弟正 隆 娶劉氏
應天府鄉試第七十二名 會試第五十四名

李茂元 貫河南開封府祥符縣民籍 國子生
治易經字本貞行一年三十一十一月初八日生
曾祖伯仁 祖政 父祜 母高氏
具慶下 弟茂廸 茂先 茂才 娶丘氏
河南鄉試第二名 會試第二百八十二名

錢鉉　貫浙江紹興府蕭山縣民籍　國子生

治書經字玉汝行三年二十五六月初六日生

曾祖艮　祖吉冠帶選刑　父溍　母陳氏

嚴侍下　兄琇 魁　弟瓛 琚 琥　娶黃氏　繼娶黃氏

浙江鄉試第四十二名　會試第三十一名

夏曆　貫直隸揚州府高郵州軍籍　國子生

治詩經字國正行五年三十四十月二十八日生

曾祖時用　祖永明耆民　父獻府同　母李氏

慈侍下　娶吳氏

應天府鄉試第一百一名　會試第四十七名

袁經 貫直隸河間府青縣軍籍 縣學生

治書經字[illegible]行一年三十二月二十一日生

曾祖通 祖琮 父亨 母范氏

具慶下 娶胡氏

順天府鄉試第十四名 會試第一百八十九名

安磐 貫四川嘉定州民籍 國子生

治春秋字鴻漸行一年二十七四月初十日生

曾祖浩[illegible] 祖尚民 父佑[illegible] 母陳氏 [illegible]母鄭氏

重慶下 弟碩 礪 研 娶程氏

四川鄉試第二名 會試第五名

許完

貫直隸鎮江府丹徒縣民籍　國子生

治易經字補之行三年二十八六月初七日生

曾祖景德　祖廷秀　父[illegible]　母蔣氏

具慶下　兄富宣弟宥寬憲密定寵寀宸守寮　娶袁氏

應天府鄉試第五十五名　會試第四十二名

王栻

貫直隸鎮江府金壇縣軍籍　國子生

治書經字景張行七年三十七三月二十日生

曾祖馭　祖秉　父完教諭　前母胡氏　母于氏　繼母潘氏

具慶下　兄楠檜梱梁渠材弟棠杉標　娶楊氏

應天府鄉試第五十四名　會試第七十六名

穆孔暉 貫山東東昌府堂邑縣軍籍 縣學生
治易經字伯潛行一年二十七正月十六日生
曾祖弘 訓導 祖彪 父清 母任氏 繼母黃氏
重慶下 弟孔[illegible] 孔時 孔熙 孔暘 孔昉 孔[illegible] 孔[illegible] 娶張氏
山東鄉試第一名 會試第九十四名

謝瑞 貫直隸真定府冀州民籍 國子生
治詩經字應麟行五年四十十一月三十日生
曾祖甫榮 祖宗本 贈知州 父縝 知州 [illegible]母李氏 贈宜人 母崔氏 封宜人
慈侍下 兄[illegible] 弟[illegible] 娶李氏 繼娶[illegible]氏
順天府鄉試第二十一名 會試第一百五十一名

李堅 貫福建汀州府長汀縣軍籍 國子生

治易經字貞夫行三年三十一五月初二日生

曾祖景濱[illegible] 祖瑞[illegible] 父壬[illegible] 母張氏

慈侍下 兄坤 堂 弟巴 垣 塒 埔 娶伊氏

福建鄉試第九名 會試第九十八名

陳溥 貫河南開封府鄢陵縣匠籍 縣學增廣生

治詩經字一鄉行一年二十二八月二十日生

曾祖瑚 祖永清 父銓 母程氏

重慶下 弟滂 聘趙氏

河南鄉試第四十一名 會試第一百九十名

陶驥

貫直隸松江府華亭縣軍籍　國子生
治詩經字良循行二年二十三八月二十九日生
曾祖羽　祖蒙通判[illegible]　父永淳[illegible]　母李氏
具慶下　兄麟檢校　娶張氏
應天府鄉試第二十五名　會試第一百五十九名

閻鐸

貫山西太原府陽曲縣民籍　府學生
治書經字道鳴行二年三十二月十二日生
曾祖皞[illegible]　祖璀[illegible]　父[illegible]周　母高氏
具慶下　兄[illegible]　娶張氏
山西鄉試第十五名　會試第二百二十七名

劉贊 貫四川行都司會川衛軍籍寧番衛人 國子生

治書經字朝重行三年三十五九月十六日生

曾祖通叔 祖昌宗 父貴 母艾氏

永感下 兄瑜縣丞 琯 弟琦 娶陳氏

四川鄉試第七十名 會試第十五名

王昻 貫四川順慶府廣安州民籍 國子生

治易經字仲顒行三年三十一九月二十四日生

曾祖文貴 祖明 父紀綱 母李氏

慈侍下 兄翔 敎 娶張氏

四川鄉試第二十六名 會試第二百二十四名

李賜 貫直隸真定府冀州南宮縣民籍 國子生
治易經字以脩行五年三十一二月二十七日生
曾祖士忠 祖大亮 父方 前母黎氏 郝氏 母曾氏
慈侍下 兄焞 爐 煸 煥 弟灼 炫 娶呂氏
順天府鄉試第一百名 會試第一百七十四名

滕遠 貫濟陽衛軍籍福建建寧府建安縣人 儒士
治易經字七毅行二年二十九三月初一日生
曾祖景義 祖壽 父鉞 前母秦氏 汪氏 母常氏
具慶下 兄琮 官 選 弟速 娶林氏 繼娶龔氏
順天府鄉試第一百八名 會試第一百九十九名

劉竑

貫廣東肇慶府陽江縣民籍　縣學生

治書經字伯度行一年二十九八月二十九日生

曾祖濟　祖聚[illegible]　父芳知府　母孫氏封安

具慶下　弟靖　翊　娶許氏　繼娶林氏

廣東鄉試第七十四名　會試第二百三十四名

陳綱

貫浙江金華府金華縣匠籍　國子生

治詩經字正之行十二年三十五三月二十一日生

曾祖文達勅贈監察御史加贈按察司副使　祖相按察司副使　父韶　母諸氏

永感下　弟紀　經　綸　縉　綳　純　維　綰　娶李氏

浙江鄉試第三十九名　會試第二百一名

王教 貫四川敘州府宜賓縣民籍 國子生

治詩經字誕敷行一年二十五二月初七日生

曾祖允恭 祖綱知縣 父言正寄理 嫡母廖氏 畏氏 生母黃氏

慈侍下 弟敍 娶李氏

四川鄉試第十四名 會試第一百四十名

蕭世賢 貫直隸安慶府桐城縣民籍江西泰和縣人 [illegible]

治書經字若愚行一年二十六十一月初一日生

曾祖旭衡 祖經初 父俊彥 母劉氏

具慶下 弟世篇 世蘭 世興 世器 世立 娶劉氏

應天府鄉試第七名 會試第九十二名

黃鞏

貫福建興化府莆田縣民籍　國子生

治詩經字伯固行一年二十六十一月初一日生

曾祖師憲　祖文嘉　父德珍　前母陳氏　母鄭氏

慈侍下　弟布　庠　娶林氏

福建鄉試第七名　會試第一百十三名

雷啟東

貫河南開封府儀封縣民籍　縣學增廣生

治詩經字震之行一年三十一十二月初四日生

曾祖遇春　祖昇　父文教諭　母楊氏

具慶下　娶杜氏

河南鄉試第七十二名　會試第九十一名

王億　貫陝西鳳翔府鳳翔縣軍籍　[illegible]
治詩經字天與行一年三十九二月二十三日生
曾祖福陰陽正術　祖瑛州判官　父澤　母李氏
具慶下　娶李氏
陝西鄉試第十四名　會試第二百六十六名

張翰　貫騰驤右衛軍籍遼東廣寧後屯衛人　國子生
治詩經字汝楨行一年二十九九月初三日生
曾祖福山　祖旺　父雲　母劉氏
重慶下　弟鋼　舉　翁　娶程氏
順天府鄉試第八十五名　會試第二百四名

馮時雍　貫直隸河間府交河縣軍籍　國子生

治詩經字王醇行二年三十二十一月初七日生

曾祖友諒　祖剛　父讓[illegible]　前母王氏　母楊氏

具慶下　兄瓚　娶羅氏

順天府鄉試第八十八名　會試第一百六十二名

張思齊　貫湖廣黃州府蘄州軍籍　國子生

治書經字希賢行二年三十五八月二十日生

曾祖珍　祖通知縣　父文通判　母陳氏封孺人

永感下　兄濯　弟堯　思舜　思皋　思夔　娶宋氏

湖廣鄉試第四名　會試第二百九十二名

周廣

貫直隸蘇州府太倉州民籍 國子生

治易經字充之行二年三十二正月十三日生

曾祖子祥 祖海 父文 母陸氏

慈侍下 兄溥 弟博 娶張氏 繼娶夏氏

應天府鄉試第五十二名 會試第八名

李文

貫江西廣信府上饒縣民籍 國子生

治書經字子芳行十八年四十二月初四日生

曾祖存吾 祖信春 父遊 前母汪氏 母吳氏

慈侍下 兄茹 弟英 娶韓氏 繼娶胡氏

江西鄉試第四十六名 會試第一百七十六名

顧應祥 貫浙江湖州府長興縣[illegible]長洲縣人 縣學增廣生

治詩經字惟賢行二年二十三九月二十五日生

曾祖懷德 祖達 州吏 父穆 母楊氏

具慶下 兄應禎 弟應奎 應元 娶張氏

浙江鄉試第七十二名 會試第一百十八名

留志淑 貫福建泉州府晉江縣民籍 國子生

治易經字克全行一年二十五七月十九日生

曾祖允恭 祖昆 父芳 通判 前母鄭氏 母黃氏 繼母胡氏

重慶下 弟志及 志業 志憲 娶李氏

福建鄉試第八十四名 會試第一百八十七名

蘇明　貫直隸隆慶州民籍順天府昌平縣人　國子生

治詩經字視遠行一年四十三七月十二日生

曾祖德　祖義　父榮 [illegible]　母楊氏

慈侍下　弟昭　暐　娶丁氏　繼娶張氏

順天府鄉試第二百十三名　會試第二百五十名

王民質　貫山西大同府應州民籍　國子生

治詩經字公實行六年二十九九月二十七日生

曾祖願　祖爵 [illegible]　父紀 [illegible]　母鄭氏

具慶下　兄璧　璽　弟嘉　學　奉民表　娶張氏

山西鄉試第四十名　會試第二百五十五名

王韋　貫南京錦衣衛籍[illegible]府[illegible]縣人　儒士
治易經字欽[illegible]行一年三十六二月初六日生
曾祖嗣宗　祖寬[illegible]　父[illegible]　母[illegible]氏　繼母徐氏　生母吳氏
具慶下　兄季秉[illegible]　弟[illegible]輔　娶張氏
應天府鄉試第三名　會試第七十二名

張璞　貫湖廣武昌府江夏縣軍籍　國子生
治詩經字中美行四年三十一二月初六日生
曾祖彥斌　祖華　父[illegible]　前母孫氏　母羅氏　繼母陳氏
永感下　兄璽　璧　娶廖氏
湖廣鄉試第五十名　會試第六十二名

孫勝

貫浙江寧波府奉化縣軍籍　縣學生

治易經字敏中行三年三十四十二月初五日生

曾祖惟堯　祖志忠　父惠茂　母程氏

慈侍下　兄玨　祚　弟倫　娶阮氏

浙江鄉試第六十二名　會試第二百四十八名

李培齡

貫金吾右衛軍籍　國子生

治易經字仁卿行一年二十九七月初二日生

曾祖英　祖真贈徵仕郎中書舍人　父淇徵仕郎中書舍人　母杜氏封孺人

重慶下　娶瞿氏

順天府鄉試第五十三名　會試第七十九名

劉皐　貫直隸大名府滑縣民籍　國子生
治易經字孟夫行一年四十二六月十三日生
曾祖仕通　祖辰　父鑑　前母江氏　母王氏
永感下　縣丞　娶魏氏　繼娶張氏
順天府鄉試第六十八名　會試第一百四十六名

王希孟　貫河南衛輝府獲嘉縣民籍　國子生
治書經字宗哲行一年三十一八月十一日生
曾祖十二　祖敬　父安　前母秉氏　母李氏
永感下　娶徐氏
河南鄉試第七十五名　會試第一百五十二名

張羽 貫陝西漢中府南鄭縣軍匠籍 國子生
治書經字伯翔行一年三十六七月二十七日生
曾祖威 祖寧 父廣 知縣 母鄧氏 繼母楊氏
具慶下 弟翥 翀 翰 翊 珝 翮 羾 翃 娶呂氏
陝西鄉試第三十二名 會試第二百六十七名

顧標 貫福建興化府莆田縣軍籍 縣學生
治書經字[illegible]行一年三十二八月十三日生
曾祖誠中 祖[illegible] 父廷芳 母莊氏
具慶下 [illegible] 娶林氏
福建鄉試第二十九名 會試第一百二十四名

張鵬 貫四川[illegible]籍 國子生

治詩經字[illegible]行一年二十四二月初六日生

曾祖信 祖思[illegible] 父甫春 母趙氏

具慶下 兄鵬[illegible] 弟鴻 娶潘氏

四川鄉試第四名 會試第二十名

趙中道 貫湖廣荊州府石首縣民籍 國子生

治書經字從之行二年二十八九月初二日生

曾祖遂（[illegible]） 祖[illegible]（[illegible]戶科給事中） 父士賢（[illegible]科右給事中） 母曹氏（[illegible]）

重慶下 弟中孚 中弘 中有 中錫 中涵 娶黃氏

湖廣鄉試第五十七名 會試第六十名

顧棠

貫直隸蘇州府吳縣民籍 國子生

治易經字良愛行二年三十八三月二十四日生

曾祖文昌 祖瓊遇例冠帶 父顒遇例冠帶 母朱氏

慈侍下 兄梁 弟榮 柔 栗 娶陸氏

應天府鄉試第九十名 會試第一百二十八名

黃如金

貫福建興化府莆田縣民籍 國子生

治詩經字希夙行一年三十三四月二十五日生

曾祖子嘉知縣進階正六品 祖溁贈監察御史 父乾亨行人司副 母林氏

永感下 弟希英同知 希韶 希雍 希淩 七頁 如阜 娶陳氏

福建鄉試第一名 會試第八十七名

劉伯秀 貫江西南昌府南昌縣民籍 國子生

治詩經字毓之行九年三十五三月十七日生

曾祖季盈 祖子煌 父燦敔 母周氏

具慶下 兄伯鱗 伯樑 娶周氏

江西鄉試第五十四名 會試第一百二十三名

余用 貫河南汝寧府信陽州羅山縣民籍 國子生

治春秋字明卿行一年三十六四月十五日生

曾祖紹宗 祖斌 父吉輝 母黃氏

慈侍下 弟同 周 娶萬氏

河南鄉試第七十一名 會試第二百二十二名

李淳 貫順天府密雲縣州匠籍 國子生

治易經字德厚行四年三十七八月初九日生

曾祖忠 祖鑑封光祿寺典簿 父璐義官 母朱氏

具慶下 弟澤 澍 滄貢士 娶王氏

順天府鄉試第一百三十四名 會試第一百三十三名

毛玉 貫府軍右衛官籍順天府大興縣人 國子生

治詩經字用成行二年三十六三月二十日生

曾祖義 祖瑀[illegible] 父倧 母谷氏 繼母袁氏

具慶下 兄璽 弟鑑 鏑 鉞 娶施氏

雲南鄉試第十六名 會試第二十八名

陳璋　貫浙江溫州府樂清縣民籍　國子生

治書經字宗獻行一年三十六正月二十八日生

曾祖紀敏 [illegible]　祖會　父値　母卓氏

慈侍下　弟琳　瑜　娶鄭氏

浙江鄉試第四十五名　會試第二百六十一名

金瑜　貫江西吉安府永豐縣民籍　國子生

治易經字琢之行二年三十七正月十四日生

曾祖文鐸 贈員外郎　祖章 刑部員外郎　父固　母鄭氏

具慶下　兄璠　弟淮　法　璀　瑾　娶陳氏

江西鄉試第六十二名　會試第一百六十六名

王子謨 貫浙江嚴州府淳安縣民籍 國子生
治春秋字如皋行三年三十九十月二十一日生
曾祖本宗 義官 祖志善 封監察御史 父賓 知府 母張氏 封孺人
具慶下 兄子言 員外郎 弟子訓 子謹 娶胡氏 繼娶周氏
浙江鄉試第五十六名 會試第二百七十名

胡冲霄 貫河南汝寧府光州民籍 國子生
治詩經字[illegible]賢行一年三十六七月二十九日生
曾祖明 祖世武 父能 母邢氏
具慶下 弟冲漢 冲雲 娶陸氏 繼娶董氏
河南鄉試第六十九名 會試第二百二十三名

閔楷

貫直隸河間府任丘縣民籍　國子生

治[illegible]經字[illegible]行二年二十六三月二十五日生

曾祖彝[illegible]　父定[illegible]　母卜氏

具慶下　兄楓[illegible]　娶朱氏

順天府鄉試第五十五名　會試第九十七名

彭滋

貫河南汝寧府光州商城縣民籍　國子生

治詩經字益之行七年三十九十月二十九日生

曾祖俊傑　祖友麟　父鉞長官　母余氏

永感下　兄永壽　[illegible]　濟　江　洋　弟澍　瀛　娶余氏

河南鄉試第十五名　會試第一百八十四名

魏棨

貫江西南昌府新建縣民籍　國子生

治詩經字喬儀行一年三十七八月初十日生

曾祖子興知縣　祖重宏　父默知縣　母熊氏

慈侍下　弟槩　梁　棐　娶熊氏

江西鄉試第六十二名　會試第二百七十七名

傅元

貫江西臨江府新喻縣民籍　國子生

治詩經字文冠卿行一年四十七七月十一日生

曾祖[illegible]贈通議大夫[illegible]　祖[illegible]　父[illegible]

慈侍下　弟[illegible]兢兢充充[illegible]充充充　娶易氏

順天府鄉試第二百十一名　會試第二百二十一名

陳鼎

貫山東登州衛軍籍直隸宣城縣人　登州府學生

治禮記字文炳行三年二十八九月初九日生

曾祖德明　祖安寧　父英　義官　嫡母鄒氏　生母柳氏

具慶下　兄昂　景　弟鼐　鼒　鼏　娶王氏　繼娶王氏

山東鄉試第三名　會試第七十三名

周宣

貫福建興化府莆田縣軍籍　府學生

治詩經字彥通行一年二十八十月初十日生

曾祖勅　祖華　訓導　父俊　訓導　母王氏

重慶下　弟宗　娶陳氏

福建鄉試第三十名　會試第二百三十二名

謝國表

貫振武衛軍籍山西代州人　國子生

治詩經字民瞻行一年三十五正月二十六日生

曾祖貴　祖璋（府推官）　父鎧（府同知）　母鄭氏

具慶下　弟國詔（貢士）　國徵　國聘　娶吳氏

山西鄉試第二十九名　會試第二百七十五名

張克溫

貫山西平陽府臨汾縣匠籍　國子生

治禮記字德恭行一年四十二六月初七日生

曾祖耀　祖通（州判）　父仁　母李氏

慈侍下　弟克家　娶杜氏　繼娶何氏

山西鄉試第六名　會試第一百四十九名

師皋

貫陝西西安府長安縣民籍　國子生

治詩經字汝明行一年三十一九月二十三日生

曾祖榮　祖珍　父禮知縣　母田氏

具慶下　弟夔應台　觀具官　娶趙氏

陝西鄉試第二十二名　會試第二百四十二名

殷雲霄

貫山東兗州府東平州壽張縣民籍　國子生

治春秋字近夫行一年二十六五月初四日生

曾祖勝　祖鐸照例冠帶　父玘知縣　嫡母張氏　繼母任氏　生母李氏

慈侍下　弟雲霓　娶岳氏

山東鄉試第四名　會試第七十七名

葉鵠

貫江西廣信府上饒縣民籍　縣學生

治詩經字時舉行四十年三十正月初七日生

曾祖清　祖志顯　父瓊　母丁氏

具慶下　兄鵬鶚鸞鷟弟麒麟鳳鶴凰　娶毛氏　繼娶程氏

江西鄉試第十四名　會試第二百八十七名

馬文

貫雲南金齒司軍籍　會[illegible]

治書經字[illegible]夫行二年二十六十二月二十一日生

曾祖玉　祖敬　父嚴　母朱氏　繼母崔氏

慈侍下　兄良　京　娶張氏

雲南鄉試第二七三名　會試第五十三名

孫紹先

貫山西振武衛官籍太原府代州人　代州學生

治易經字汝宗行一年二十三九月二十三日生

曾祖才　祖滕　父瑋 貢士　母張氏

慈侍下 兄紹祖 紹文 紹魁 弟紹卿 紹相 紹忠 紹顯 紹賢 紹哲　娶田氏

山西鄉試第一名　會試第十名

劉守達

貫直隸大名府開州民籍　州學增廣生

治書經字應徵行二年二十六十月十七日生

曾祖順　祖和　父錫　母傅氏

慈侍下　兄守察　弟守節　娶陳氏

順天府鄉試第七十五名　會試第二百九十九名

孫蘩 貫山東登州府福山縣軍籍 國子生

治禮記字明卿行三年三十六六月二十四日生

曾祖彥斌(贈知府) 祖遇(左布政使贈正奉大夫正治卿) 父珂([illegible]) 嫡母張氏(封淑人) 生母樊氏

慈侍下 兄棨(監生) 槃 弟[illegible] [illegible] 棨 業 杲 棐 業 棐 杲 娶[illegible]氏 繼娶王氏

山東鄉試第四十二名 會試第二百名

楊鎡 貫順天府涿州軍籍 國子生

治書經字時用行一年四十二十一月初十日生

曾祖暹 祖森([illegible]) 父寶 母張氏 繼母蔣氏

具慶下 [illegible] [illegible] [illegible] 娶樊氏

順天府鄉試第六名 會試第七十一名

陳槐　貫浙江寧波府慈谿縣民籍　國子生

治書經字[illegible]行[illegible]年三十八十一月三十日生

曾祖道俊　祖[illegible]　父[illegible]　母林氏

永感下　兄[illegible]　[illegible]　娶范氏

浙江鄉試第六名　會試第四十三名

夏文相　貫湖廣岳州府巴陵縣軍籍　國子生

治詩經字士衡行一年三十四十二月初一日生

曾祖圯　祖[illegible]　父瀚　前母蔣氏　母盧氏

具慶下　弟文奎　娶何氏

湖廣鄉試第十五名　會試第一百七十五名

常在　貫山西遼州榆社縣民籍　國子生
治春秋字守德行一年三十四四月初六日生
曾祖恒封給事中贈知府　祖顒左布政使　父經知縣　母喬氏　繼母申氏　郭氏
慈侍下　弟至　城　塾　增　娶李氏　繼娶李氏
山西鄉試第四名　會試第二百五十九名

杜泰　貫山東濟南府長清縣軍籍　縣學生
治詩經字泉瞻行一年二十四二月初三日生
曾祖充名　祖寶　父璜　母馮氏
具慶下　弟華　恒　霍　寧　娶郝氏
山東鄉試第九名　會試第二百七十三名

樂護　貫江西撫州府臨川縣民籍　國子生
治詩經字[illegible]殷行十一年三十一五月初四日生
曾祖仕衡　祖希清　父九成　前母劉氏　母徐氏
具慶下　兄詵[illegible]　鏜　娶詹氏
江西鄉試第四十九名　會試第二百八十二名

董建中　貫山東兗州府東平州壽張縣軍籍　縣學生
治書經字商民行三年三十一五月初九日生
曾祖格　祖泉　父聰監生　母楊氏　繼母王氏
具慶下　兄時中　遵中　弟大中　用中　執中　娶呂氏
山東鄉試第二十九名　會試第一百三十六名

陳軾　貫湖廣德安府應城縣軍籍　國子生

治易經字子敬行一年三十六六月二十二日生

曾祖剛　祖譯　父大中訓導　母周氏

具慶下　娶許氏

湖廣鄉試第五十五名　會試第二百三十三名

張衍瑞　貫河南衛輝府汲縣民籍　國子生

治詩經字元承行一年三十七月二十日生

曾祖鐸　祖傑監察御史　父繼大理寺左評事　母段氏封孺人

重慶下　弟衍慶貢士　衍祚　娶郭氏　繼娶[illegible]氏

河南鄉試第六十二名　會試第一百二十五名

李仕清

貫四川敘州府長寧縣民籍 國子生

治詩經字希獻行一年三十六五月十五日生

曾祖過春 祖桂叢 父辰 母羅氏

具慶下 弟仕嚴 娶趙氏

四川鄉試第四十二名 會試第二百八十五名

申綸

貫直隸廣平府永年縣民籍 國子生

治詩經字廷言行二年三十六十二月十七日生

曾祖達 知府 祖寧 賢良方正 父廣 主簿 前母王氏 母岳氏

具慶下 兄紀 弟緒 縉 娶王氏

順天府鄉試第一百十六名 會試第二百三十六名

郁浩

貫湖廣永州衛軍籍直隸長洲縣人　國子生

治禮記字手洲行一年三十七四月二十一日生

曾祖官　祖濟　父敬　母劉氏

具慶下　娶閭丘氏

湖廣鄉試第五十八名　會試第二百三十八名

倪璋

貫順天府宛平縣匠籍直隸吳縣人　國子生

治易經字獻夫行三年三十八九月初一日生

曾祖本益　祖公節　父鏡　前母包氏　母方氏

永感下　兄瑋　瑾　璘　珣　璣禮科給事中　娶陳氏

順天府鄉試第二十名　會試第二百四十五名

陳九章

貫直隸蘇州府吳江縣民籍　縣學生
治易經字從一行一年三十六十月初一日生
曾祖士能　祖敬　父愷元　母陸氏
慈侍下　弟九儀　娶吳氏
應天府鄉試第六十六名　會試第一百五十名

周用

貫廣東潮州府饒平縣竈籍　國子生
治春秋字舜中行三年四十一九月二十二日生
曾祖尚文　祖邦寧　父元玉　嫡母沈氏　生母鄭氏
慈侍下　弟咸行　玄頵　娶陳氏
廣東鄉試第二名　會試第三十名

張經
貫遼東瀋陽中衛軍籍山東濟南府武定州陽信縣人　國子生
治書經字天敘行一年三十二二月二十六日生
曾祖端　祖昇遇例冠帶　父傑　母俞氏　繼母郭氏
具慶下　弟綉　娶陳氏
山東鄉試第十名　會試第二百六十三名

石宗太
貫直隸保定府清苑縣民籍　縣學生
治書經字樂山行一年五十十月十九日生
曾祖增　祖堅主簿　父瓚　母宋氏　繼母李氏
慈侍下　弟宗魯　娶李氏
順天府鄉試第六十七名　會試第八十五名

鄧文璧 貫湖廣郴州桂陽縣民籍 國子生

治詩經字良仲行一年三十九八月初九日生

曾祖思謙 知縣 祖珂 判官 父宗[illegible] 母何氏

永感下 兄文璽 弟文瑩 文珽 文璽 文璧 娶歐氏 繼娶[illegible]氏

湖廣鄉試第四十二名 會試第七十八名

于範 貫山東兗州府濟寧州鄆城縣民籍 縣學生

治書經字[illegible]允甫行一年二十九十一月十三日生

曾祖勝 祖聰 義官 父龍 監生 母樊氏

慈侍下 弟軾 軫 娶侯氏

山東鄉試第三十四名 會試第四十九名

潘棠 貫湖廣辰州衛官籍直隸寧國府太平縣人 國子生
治詩經字希召行二年三十三十二月二十四日生
曾祖九成 祖鏞 父汰正七品散官 母傅氏
具慶下 兄材 弟林 桂 槐 梅 相 娶張氏
湖廣鄉試第五十一名 會試第四十五名

汪和 貫浙江紹興府餘姚縣民籍 縣學增廣生
治書經字惟節行十年三十十月初十日生
曾祖彥端縣丞 祖勉貢士 父津 前母蘇氏 母嚴氏 繼母楊氏
重慶下 兄琛 集教諭 保 賢桑 弟朴 樟 皋 橦 娶董氏
浙江鄉試第四十二名 會試第一百十一名

胡汝楫 貫陝西平凉衛軍籍應天府溧陽縣人 國子生

治易經字良舟行二年三十八正月二十二日生

曾祖士真 祖雄 父璉 贈戶部郎中 母陳氏 贈宜人

慈侍下 兄汝礪 知府 弟汝霖 汝明 義官 汝翼 娶茅氏

陝西鄉試第二十五名 會試第一百八十三名

劉田 貫山東兗州府東平州東阿縣民籍 國子生

治詩經字伯耕行一年二十五正月二十七日生

曾祖璉 教諭 祖覲 承事郎□□ 吏部郎中 父約 參政 母徐氏 封宜人

具慶下 弟谷 隅 階 牧 垣 娶蘇氏

山東鄉試第五十七名 會試第二百十九名

賀寬 貫江西吉安府永新縣民籍 縣學生
治易經字懋敎行二年三十一七月二十七日生
曾祖本寧 祖脩道 父健 義官 母周氏
重慶下 兄宏 弟采寵審察寓宁宋寚 娶尹氏
江西鄉試第四十一名 會試第二百三十七名

吳盈 貫江西饒州府鄱陽縣民籍 國子生
治書經字子持行五十八年三十八六月十一日生
曾祖德隆 祖道元 父博施 嫡母徐氏 生母王氏
永感下 兄霖 知縣 機 樓 桓 主簿 弟榮 梓 娶操氏
江西鄉試第八十五名 會試第二百十八名

丁儀

貫福建泉州府晉江縣鹽籍　國子生

治易經字文範行一年三十三二月十三日生

曾祖世寧　祖建學　父朝億　母陳氏

具慶下　弟俶　佑　娶李氏

福建鄉試第三十五名　會試第一百十四名

宗學

貫直隸淮安府邳州軍籍　國子生

治書經字遜夫行一年三十六八月初六日生

曾祖堅　祖靖　教諭　父達　母魏氏

慈侍下　弟勤學　好學　娶胡氏

應天府鄉試第四十五名　會試第一百九十二名

蘇民 貫陝西儀衛司校籍浙江處州府遂昌縣人 國子生
治詩經字天秀行一年三十三月十四日生
曾祖良 祖仁貴 父文通 母趙氏
慈侍下 娶王氏
陝西鄉試第三十七名 會試第一百七十名

陳鉞 貫直隸鳳陽府鳳陽縣軍籍 國子生
治禮記字德威行一年四十一八月十八日生
曾祖禮 祖敬 父璋 母王氏
永感下 弟鎰 鋼 鐙 釗 欽 鎮 鍠 鑄 娶劉氏
應天府鄉試第二十六名 會試第二百五十六名

黃琮　貫應天府上元縣匠籍江西樂安縣人　應天府學生
治詩經字元[illegible]行三年三十六十二月十九日生
曾祖仲敏　祖伯爽　父廣濟　母柳氏
慈侍下　兄公憲　瓊　瑛　娶蔡氏
應天府鄉試第十名　會試第六十七名

易舒誥　貫湖廣長沙府攸縣站籍　國子生
治易經字欽之行六年三十一九月二十日生
曾祖耀　祖顯　父萬福過例祖冊　母劉氏
具慶下　兄舒翰　娶蕭氏
湖廣鄉試第四十七名　會試第八十二名

馬馴

貫山東青州府益都縣民籍 國子生

治易經字德夫行一年三十二六月初二日生

曾祖璘 祖聰 父能縣丞 母王氏

慈侍下 弟通 娶劉氏

順天府鄉試第一百二十五名 會試第二百七十四名

江良貴

貫江西廣信府貴溪縣民籍 國子生

治禮記字汝思行十一年三十四四月十一日生

曾祖雲從 祖常知縣 父玉 前母李氏 母鄧氏

永感下 兄良冊監生 良本義官 滄訓導 海 良俊義官 弟良材貢士 良楫 娶詹氏

江西鄉試第三十名 會試第一百六十七名

周任　貫浙江衢州府江山縣民籍　國子生
治易經字以仁行七年三十七七月初六日生
曾祖真 監生　祖敬昌　父亮　母毛氏
永感下　弟本　積　嵩　岳　娶徐氏　繼娶孫氏
浙江鄉試第八十四名　會試第一百九十四名

陳良翰　貫四川成都府綿州羅江縣軍籍　縣學生
治易經字景申行九年三十三正月初五日生
曾祖伏祖　祖應輔　父昂 主簿　前母黃氏　母孫氏
永感下　兄良當 良貴 良應 良壽 良塵 良鼎 良恩 良旭　娶程氏
四川鄉試第二十三名　會試第二百五十二名

方獻科 貫廣東廣州府南海縣民籍 縣學增廣生

治易經字叔賢行三年二十一三月二十日生

曾祖勢宗 祖用中 父遂 學正 母黃氏

慈侍下 兄貴科 茂科 聘鄒氏

廣東鄉試第二名 會試第一百三十名

李玠 貫浙江處州府縉雲縣民籍 縣學生

治易經字朝信行十九年二十二四月十一日生

曾祖榮 刑部侍郎 祖綰 學生 父晉 母應氏

嚴侍下 兄玻 貢士 弟璦 琳 璥 瑚 娶陳氏

浙江鄉試第二名 會試第二十五名

程定

貫直隷徽州府績溪縣民籍 國子生
治書經字靜夫行二年二十二九月初七日生
曾祖彥昭 祖文育 父愈厚 母朱氏
慈侍下 兄宗 弟宙 寀 寅 娶胡氏
應天府鄉試第六十八名 會試第六十八名

陳進

貫浙江台州府太平縣民籍 縣學生
治詩經字宗志行十一年二十八十一月初一日生
曾祖仁訓 祖弘華 父茂揚 母趙氏
永感下 兄曉 策 娶夏氏
浙江鄉試第二十三名 會試第二十七名

張翀

貫直隸揚州府泰興縣軍籍 國子生

治詩經字鵬舉行二年三十七二月十八日生

曾祖忠 [illegible] 祖琳 父鏞 縣丞 母蔡氏

慈侍下 兄羽 [illegible] 弟翮 翃 翊 翽 翔 翰 翀 [illegible] 翮 習 翃 娶成氏

應天府鄉試第一百三十名 會試第一百二名

毛棠

貫湖廣岳州府澧州軍籍 國子生

治書經字宗召行一年三十一七月二十七日生

曾祖顯 祖瀚 父玘 母甘氏

具慶下 弟檡 櫺 栗 櫸 娶黃氏

湖廣鄉試第四十八名 會試第八十名

潘應奎　貫浙江寧波府鄞縣軍籍　國子生

治易經字景祥行六年三十六九月初六日生

曾祖宗偉　祖常　父琦 知縣　母何氏　繼母陳氏

具慶下　兄福　弟應參　應賓　應鈔　應貫　娶陸氏

浙江鄉試第八十七名　會試第一百三十八名

張士隆　貫河南彰德府安陽縣軍籍　國子生

治詩經字仲脩行一年三十一五月初九日生

曾祖本　祖通 壽官　父會　母宋氏

慈侍下　弟士陞　士陛　娶石氏

河南鄉試第十八名　會試第一百五十六名

屠圭　貫浙江嘉興府平湖縣軍籍　國子生

治書經字文治行七年三十一六月二十七日生

曾祖淵（贈刑部員外郎）　祖楨（贈推官）　父熙（府同知）　母陸氏（封宜人）

具慶下　兄鏊（工部主事）垔堅坒墀弟壎墉（生員）墅堃聖　娶　氏　繼娶倪氏

浙江鄉試第五十四名　會試第八十八名

李時　貫順天府涿州民籍　國子生

治禮記字宗易行一年三十二月初五日生

曾祖泰　祖貴　父文舉　母劉氏

具慶下　弟昕　娶史氏

順天府鄉試第四十五名　會試第二百八十六名

張惠

貫直隸鳳陽府壽州民籍 州學生

治書經字[illegible]夫行一年三十三十一月十五日生

曾祖玉山 祖全 父通 母馬氏

具慶下 娶宋氏

山東鄉試第十八名 會試第二百十五名

常道

貫直隸滁州來安縣軍籍河南陳留縣人 來安縣學生

治易經字文載行二年三十九月二十一日生

曾祖全 祖智 父泰 母郝氏

永感下 兄經 弟教 娶蘇氏

應天府鄉試第二十八名 會試第一百五十五名

李楫 貫直隸安慶府懷寧縣民籍 府學生
治易經字濟之行二年二十八四月初二日生
曾祖良（良醫正） 祖昇（醫學正科贈太僕寺寺丞） 父璡（前知府） 前母徐氏（贈安人） 母耿氏（封安人）
慈侍下 兄榦（義官） 弟榮 棠 棐 棟 娶祖氏
應天府鄉試第六十九名 會試第一百六十三名

孫孟舉 貫山東濟南府武定州商河縣民籍 國子生
治詩經字用之行三年三十三九月十四日生
曾祖興（贈太守） 祖敏（贈員外郎） 父誠（知府） 前母張氏（贈宜人） 母張氏（封宜人）
具慶下 兄敬宗 敬祖 弟孟和（貢士） 娶張氏
山東鄉試第三十九名 會試第二百七十九名

陳琛

貫福建漳州府龍溪縣民籍　國子生

治易經字思獻行二年四十四十二月初七日生

曾祖溫義　祖質翰　父璩　母歐氏

慈侍下　兄璟　弟理　娶林氏

福建鄉試第三十三名　會試第一百六名

熊泰

貫湖廣武昌府武昌縣軍籍　國子生

治詩經字元交行二年三十六二月十八日生

曾祖悌　祖駿　父英　母方氏

永感下　兄春　娶周氏　繼娶宋氏

湖廣鄉試第十七名　會試第二百七十一名

田汝耔 貫河南開封府祥符縣匠籍 國子生

治詩經字勤甫行三年二十八十二月二十二日生

曾祖登 祖茂 父安縣丞[illegible] 母楊氏 母鄭氏

具慶下 兄汝耕 汝耘 弟汝耜汝耦汝秣 娶陶氏

河南鄉試第六十七名 會試第二十四名

張寬 貫直隸蘇州府太倉州軍籍 國子生

治詩經字德宏行二年三十二正月初九日生

曾祖能知縣 [illegible]訓導 父鑾 母陳氏

重慶下 兄森 娶周氏

應天府鄉試第三十五名 會試第一百六十四名

劉孝

貫山東東昌府高唐州民籍　國子生

治春秋字宗堯行一年三十七正月三十日生

曾祖景文　祖以純[illegible]　父[illegible]　母張氏[illegible]

慈侍下　弟[illegible]　娶蔣氏　繼娶周氏

山東鄉試第二十九名　會試第一百九十五名

滕紀

貫留守前衛旗籍山東萊陽縣人　國子生

治詩經字子振行二年三十五十月初六日生

曾祖周　祖昇　父俊　母楊氏

永感下　兄綱　娶蘇氏　繼娶江氏

順天府鄉試第二十六名　會試第二百六十八名

顧瑄 貫錦衣衛旗籍浙江平湖縣人 國子生
治春秋字玉卿行一年三十六七月二十四日生
曾祖祥 祖敬總旗 父榮總旗 母余氏 繼母牛氏
永感下 弟璋總旗 瓚 瓛 塘 娶高氏
順天府鄉試第五十五名 會試第二百八十八名

陶金 貫直隸鳳陽府泗州天長縣官籍 國子生
治詩經字純甫行二年三十八正月二十九日生
曾祖興 祖茂 父璁府吏鄉 母張氏
具慶下 兄鏜 娶陳氏
應天府鄉試第九十四名 會試第一百九十二名

吳哲

貫直隸松江府華亭縣民籍　縣學生

治詩經字子儀行五年三十三三月初七日生

曾祖宗巖 封刑部主事　祖愉　父富　嫡母楊氏　生母周氏

具慶下　兄啓　浴　唐　周 貢士　弟吉　韶　誥　言　問　聞　娶山氏

應天府鄉試第三十三名　會試第二百四十七名

曹雷

貫山西太原府平定州軍籍直隸泰州人　州學生

治書經字啓東行三年四十二二月二十九日生

曾祖二　祖輝 壽官　父恕　母藺氏

具慶下　兄霖 義官　霦　弟震　雲　娶郭氏

山西鄉試第三十五名　會試第一百四十四名

縣學附學生

潘選

貫直隸徽州府婺源縣民籍

治書經字子玉選行二年三十八月初九日生

曾祖日昇　祖斯齡　父傑監生　母齊氏

具慶下　兄遇　娶胡氏

應天府鄉試第十六名　會試第一百二十名

楊輔

貫直隸淮安府邳州民籍　國子生

治書經字介卿行一年三十一四月十三日生

曾祖清　祖禮大史　父瓚　母蕭氏　繼母劉氏

重慶下　弟衡　弁　翰　蕃　衛　娶陳氏

應天府鄉試第一百三十二名　會試第二百五十八名

鄭善夫 貫福建福州府閩縣民籍

治春秋字繼之行六年二十一十一月二十日生

曾祖鏗 祖贇 父元惜 母趙氏

具慶下 兄逢春 弟逢泰 逢吉 逢東 逢南 娶袁氏

福建鄉試第四十二名 會試第二百六名

張邦奇 貫浙江寧波府鄞縣民籍 國子生

治易經字夯卿行二年二十二五月二十四日生

曾祖純 祖悅 父時敏義官 母沈氏

具慶下 兄邦存 弟邦言 邦賓 邦儀 邦翰 邦傑 邦章 邦疏 邦永 娶王氏

浙江鄉試第十四名 會試第一百四十一名

曾念

貫湖廣郴州永興縣軍籍　國子生

治易經字聖初行七年四十九月初四日生

曾祖如栢　祖兄謙刑部主事　父鏈知府　母楚氏封安人

具慶下　兄全舉人　介知州　全前戶部主事　僉舉人　娶鄧氏

湖廣鄉試第十三名　會試第九十名

田登

貫陝西西安府長安縣民籍　縣學生

治詩經字有年行二年二十七正月三十日生

曾祖文通　祖崇　父禧州判致仕　前母衛氏　母党氏

永感下　兄匯　娶范氏

陝西鄉試第七名　會試第十三名

顧達

貫直隸蘇州府常熟縣軍籍 國子生

治詩經字德章行五年四十五九月十三日生

曾祖景純 祖叔諒 父宗源 母石氏

永感下 兄源澤 源榮 弟憲 娶王氏 繼娶潘氏

應天府鄉試第七十一名 會試第一百七十七名

陳淵

貫直隸涿鹿左衛官籍 國子生

治書經字德深行三年三十三二月二十三日生

曾祖肅昭勇將軍指揮使 祖玉昭勇將軍指揮使 父廣 母耿氏

具慶下 兄灝昭勇將軍指揮使 潤 弟澥 濡 瀚 渾 滋 澤 娶郭氏

順天府鄉試第三十一名 會試第一百四名

戴德孺 貫浙江台州府臨海縣民籍 縣學生
治詩經字子良行十年三十五十二月十六日生
曾祖銳夫 祖胤 父守心 母高氏 繼母許氏
具慶下 弟德光 德岳 德鳳 娶彭氏
浙江鄉試第十五名 會試第一百七十九名

張茂蘭 貫山東濟南府章丘縣軍籍 國子生
治詩經字德馨行一年三十五十一月二十五日生
曾祖述善 祖傑[illegible] 父題[illegible] 母程氏
具慶下 娶馬氏
山東鄉試第六十一名 會試第二百八十三名

黃希英 貫福建興化府莆田縣民籍 國子生

治詩經字如英行二年三十一十月二十六日生

曾祖子嘉[illegible] 祖仲昭贈翰林院編修 父乾剛 母方氏

重慶下 兄如金同科進士 弟希韶 希雍 希濱 [illegible] 娶林氏

福建鄉試第四十九名 會試第二十九名

俞敬 貫浙江金華府永康縣民籍 府學生

治書經字一中行三十二年三十六五月十七日生

曾祖克用 祖德高 父文治 母楊氏

永感下 兄璞 弟玠 珽 瓚 玘 娶祖氏

浙江鄉試第六十三名 會試第二百二名

黃堂 貫山東東昌府臨淸州民籍 國子生
治易經字允升行一年三十六二月初三日生
曾祖忠 祖讓 父輪 母吳氏 繼母王氏
慈侍下 弟室 寶 娶賀氏
山東鄉試第十七名 會試第二百十六名

徐讚 貫浙江金華府永康縣民籍 國子生
治書經字朝儀行二十六年三十四十二月初四日生
曾祖用彬 祖永明 父憲 母程氏
慈侍下 弟誼 諤 訪 娶黃氏
浙江鄉試第三十六名 會試第二百四十三名

張仲賢

貫山西太原府陽曲縣民籍　縣學增廣生

治易經字尚德行一年三十七十二月二十二日生

曾祖孝先　祖本　父禹　母湯氏　繼母賈氏

具慶下　弟仲良　娶唐氏

山西鄉試第十八名　會試第一百七十八名

師存智

貫河南開封府太康縣民籍　國子生

治詩經字懋行二年三十六十一月十七日生

曾祖貞　祖璣　父恩　母曾氏

具慶下　兄存禮　娶趙氏　繼聘孔氏

河南鄉試第六十五名　會試第三百名

徐慶亨

貫浙江台州府黃巖縣匠籍　國子生

治易經字世嘉行五年三十正月初一日生

曾祖從輔　祖啓直　父濟英封貞　母顏氏

具慶下　弟慶宸　慶紹　慶良　慶國　娶江氏　繼娶李氏

浙江鄉試第二十三名　會試第二百三十名

王光佐

貫江西瑞州府新昌縣匠籍　國子生

治詩經字允蓋行一年四十二八月二十一日生

曾祖彥常　祖邦寧通判冠帶　父京畿　母張氏

具慶下　弟攸　光化　伋　光仕　光儒　娶陳氏

江西鄉試第七十七名　會試第七十五名

孟洋

貫河南信陽衛官籍　國子生

治書經字望之行十年二十三五月二十三日生

曾祖元千戶　祖勝指揮僉事　父山　前母袁氏　母孫氏

具慶下　兄濮　漢指揮僉事　濟　潮　淵　弟江　沂　澤　沛　娶何氏

河南鄉試第二十三名　會試第二十六名

曹傚

貫直隸鎮江衛軍籍　丹徒縣學生

治易經字汝學行一年二十八十二月初六日生

曾祖周　祖榮　父綬　母呂氏

慈侍下　弟倣　儒　娶余氏

應天府鄉試第二十六名　會試第一百八十名

劉宓

貫順天府昌平縣民籍山西大同府懷仁縣人　國子生

治詩經字德義行五年二十七正月初四日生

曾祖清贈鴻臚寺正　祖成進士封戶部郎中　父道左布政使　母韓氏封宜人

慈侍下　兄宇　守　德錦衣衛冠帶小旗　寵　娶曹氏　繼娶楊氏

順天府鄉試第二十一名　會試第二百九十名

王偉

貫山東萊州府膠州即墨縣軍籍　縣學生

治詩經字士元行二年三十八九月二十日生

曾祖志嚴　祖榮縣丞　父璣貢士　母邵氏

嚴侍下　兄仁　弟伸　仕　儒　娶劉氏

山東鄉試第十七名　會試第二百九十七名

徐盈

貫江西廣信府貴溪縣軍籍　國子生

治禮記字子謙行一百八年二十七十一月十三日生

曾祖思文（姓袁 [illegible]氏）　祖孔壽　父洛　母于氏

具慶下　兄植梧梲　弟鄉槩　娶汪氏

江西鄉試第四名　會試第二十二名

韓貴

貫廣東廣州府番禺縣民籍　國子生

治易經字道充行二年三十五十二月二十二日生

曾祖彥才　祖英茂　父斌　前母李氏　母高氏　繼母曾氏

具慶下　兄榮　弟賢（貢士）　能　順　寬　娶李氏

廣東鄉試第四十八名　會試第二百六十九名

王瑶

貫順天府大興縣民籍　國子生

治詩經字佩之行一年三十一十二月十六日生

曾祖庸　祖文麟[illegible]　父紀[illegible]　母朱氏

慈侍下　弟璉　娶許氏　繼娶荀氏　[illegible]氏

順天府鄉試第五十三名　會試第一百五名

章嵩

貫直隸寧國府涇縣軍籍　國子生

治詩經字去嶠行二年四十一十一月三十日生

曾祖伯陽　祖善良　父仲華　母董氏

具慶下　兄茂　弟春　瑞　欽　榜　晃　娶文氏

應天府鄉試第二十三名　會試第十八名

皇帝制曰。朕惟自古
帝王之致治。其端
固多。而其大不過
曰道。曰法而已。是
二端者。名義之文

在。其有別乎。行之
之序。並有相須而
不可偏廢者乎。夫
帝之聖。莫過於堯
舜。王之聖。莫過於

禹湯文武。致治之盛。萬世如見。其為道為法之跡。具載諸經。可考而證之乎。自是而降。若漢。

若唐。若宋。賢明之
君。所以創業於前
而守成於後。是道
是法。亦未嘗有外
焉。何治效之終不

能古若乎我
聖祖高皇帝定天下
之初建極垂憲
列聖相承益隆繼述
為道為法蓋與古

帝王之聖。先後一揆矣。朕自蒞祚以來。夙夜競競。圖光先烈。于玆有年。然而治效未臻其極。豈

於是道有未行是法有未守乎。抑雖行之守之而尚未盡若古乎。子諸生明經積學。究心當世之務。必有定見。
其直述以對。毋徒
騁浮辭而不切實
用。朕將采而行之
弘治十八年三月十五日

臣顧鼎臣

臣對臣聞帝王有治天下之大體有治天下之大用體者何道是也用者何法是也道根於心法之所由立也法施於政道之所由行也法而非道則所以主張之者無其本道而非法則所以經綸之者無其具皆非所以治天下也然有是道則其法可立未有善立是法而不本於道者也有是法則其道可行未有能行其道而不知守乎法者也道行而無弊法立而能守則推之無不準動之無不化

外無不懷內無不安遠無不至邇無不服瑞
拱於九重之上而操縱翕張所向如意運用
於四海之間而渾融貫徹所在歸極尚何治
之不古若哉帝之所以帝王之所以王哉
皇祖之所以創造
列聖之所以繼述皆不外此彼漢唐宋者道非其
道法非其法又何怪乎治效之不能比隆於
唐虞三代也哉欽惟
皇帝陛下天啓
聖神日新

德學大化神明洽于遠邇至治馨香徹于上下
所謂學于古訓而有獲監于成憲而無愆者
蓋卓卓乎足以光
前而裕後矣茲者開賢科擢多士
御大廷降
明詔猶謂治效未臻其極而拳拳以行道守法
為問臣雖至陋寧不鼓舞感動思罄愚衷以
對揚
休命乎竊惟天生萬物不能自理而命之聖人
繼曰天佑下民作之君作之師俾其克相上

帝寵綏四方夫以一人之身加于兆民之上
而付之以君師治教之責亦大且難矣求盡
是責以無負乎天之所命舍道與法二者其
奚以哉是故脩身齊家治國平天下治之道
也道者治之體也建極紀綱分正百職順天
揆事創制立度以盡天下之務治之法也法
者道之用也嘗考朱熹之訓曰道猶路也法
法度也董仲舒亦曰道者所由適於治之路
也謂之路則可見其為人之所共由謂之度
則可見其為人之所當守是二者理與事有

精粗之與而本與末亦若二致焉豈可以無別乎

聖策所謂名法之攸在者蓋如此然孟子曰徒善不足以為政徒法不能以自行程顥曰必有關雎麟趾之意然後可以行周官之法度胡宏又曰道德者法制之隱法制者道德之顯有道德以結民而無法制者為無用無用者亡有法制以繫民而無道德者為無體無體者滅是其本末雖有先後之殊而顯微則無毫髮之間也豈可以偏廢乎

聖策所謂序之綱領者蓋如此古者聖人迭興皆
天所命而莫過於堯舜王莫過於禹湯文武
其道與法垂之古今如日中天而昭示無極
如水行地而澤潤不窮功化之美又孰有加
於是乎
聖策首詢乎此臣有以知
陛下嘉堯舜禹湯文武之治而能自得師矣臣請
稽諸經傳而陳其大可乎堯之明峻德以至
於和萬邦舜之徽五典以至於敍百揆禹之
敷命率常湯之纘猷脩紀文武之迪彝皆也

皇極至若精一執中之授受與禮損益之因
革此帝王之道也是道也大公而至正盡善
而盡美不狃於功利之好不牽於詐力之私
小自於一身而冒於六合之大近自於日用
而放乎四海之遠造端於愚夫婦之所能而
極于天地化育之所不能盡寔行之萬世而
無弊者也堯之曆象授時垂衣制器舜之封
山濬川頒瑞考績禹之慎財賦詒典則湯之
懋功賞制官刑文武之奠麗陳紀列爵分土
立學封建井田之制學校征伐之典此帝王

之體也是法也詳爲之慮曲爲之防本諸身徵諸庶民法乎天時因乎地利合於人情宜於土俗當百世守之而勿失者也道以立其體而法以善其用致治之盛萬世如見有由然矣自是以降若漢唐宋賢明之君創業於前守成於後其道與法固皆出於帝王然徒竊夫糠粃之似而無其實得夫糟粕之淺而失其真雖有事功不過小補其孰能與於古哉

聖策繼及乎此臣有以知

陛下陋漢唐宋於下風而有所不爲矣臣請撫講
史冊而陳其槩可乎漢高祖之豁達大度孝
文之清淨玄默唐太宗之聰明英武玄宗之
好賢樂善宋藝祖之嚴重孝友仁宗之溫恭
節儉於道似有得矣然而雜霸術尚黃老大
綱不正閨門慙德仁厚有餘剛明不足非帝
王之所謂道也漢之舊律令定稅賦唐之租
庸調府衛兵宋之序資格嚴科禁其法似亦
善矣然而不事詩書禮文多闕矜驕大之心
淫奢侈之欲靡容盛而武備衰議論多而威

功少非帝王之所謂法也蓋斯道既微法亦
隨變治效之成終不古若何足疑乎恭惟我
太祖高皇帝誕膺
天命掃除胡元立帝王自立之中國傳帝王相傳
之正統
建極垂憲詒謀萬世臣沐浴膏澤嘗竊窺一二
敢拜手稽首為
陛下陳之敬天勤民防非窒慾身之脩也宮房無
私愛左右無偏恩家之齊也
君臣同遊之盛朝野畫一之政國之治也武功

以戡禍亂文德以興太平天下之平也我
祖宗之道非即帝王之道乎六卿分治庶僚承服
百職舉矣臺諫以糾正於內憲司以廉察於
外紀綱肅矣車旗服物之有章宮室器用之
有等制度一矣學校選舉之有條兵刑財賦
之有制庶事康矣我
祖宗之法非即帝王之法乎自然以來
聖子神孫善繼善述不愆不忘治化之成蓋遠過
於漢唐宋矣而
聖慮復以治效未臻其極夙夜兢兢圖光

光烈為言者此
陛下聖不自聖務欲福踰皇極化協泰和超千古
而特出跨百王而獨盛也臣愚何足以知之
臣竊以為欲師帝王先師
祖宗能行
祖宗之道則帝王之道在是矣能守
祖宗之法則帝王之法在是矣
陛下大孝格
天至仁育物謙恭逮下明智燭微日
御經筵講求治理數

召大臣咨詢時政所以行

祖宗之道而守

祖宗之法蓋無可訾議者但近歲以來災異迭見

水旱相仍而時雍風動之休未洽黎民阻饑

赤子弄兵而鼓腹擊壤之謠未聞夷虜跳梁

而軍政未可謂脩府庫告竭而蓄積未可謂

富內外臣工率多因循苟且取辦簿書廉靖

之節日衰奔競之風日長而文武未可謂盡

得其人則

聖衷所謂行道守法未盡若古者臣不敢謂其不

綱也臣愚以為
陛下之德如是學如是
虛懷望治之誠如是以
陛下而慮此宜無足為者但恐不加之意耳夫道
雖不一其要在於脩身身有不脩而妄意於
躐等之為謂之能行道不可也法雖至繁其
要在於紀綱紀綱有不振而疲神於不急之
務謂之能守法不可也然脩身不外於威儀
言動而紀綱不外於舉措刑賞
陛下誠能左之右之周旋乎規矩準繩之中一言

一動從容乎仁義禮樂之縕則道成於上而
身脩矣身既脩則家可齊國可治而天下可
平尚何

祖宗之道有不行乎舉直措枉必協乎天下之公
論賞善刑惡不徇乎褻近之私情法行自近
紀綱振矣紀綱既振則百職可舉制度可一
天下之事可興尚何

祖宗之法有不守乎如是則俊良登崇而讒邪遠
出入有度而財用足武備脩而蠻夷懾服刑
罰威而姦宄銷亡災異息靈瑞臻而百姓安

[illegible][illegible]物[illegible]遺治效之隆直不足以並美於唐
虞三代也哉雖然此就
陛下所以策臣者而言之爾猶未要其極而舉其
全也臣請究極本原探索精微以為終篇
獻焉蓋心之主宰一身無事不體而天之主宰
萬物亦無往不在天者理之所從以出者天
之心與吾心之天一也是以帝王之道雖要
於脩身而欲脩其身必先於正心帝王之治
雖要於紀綱而欲振紀綱惟在於順天不正
其心不順乎天則雖宵旰憂勤思以行道守

法亦苟焉而已爾何謂正心致知以明此心誠意以實此心聲色貨利之欲此心之鴆毒則遠之車馬宮室之樂此心之斧斤則禁之諂諛邪佞是以移此心則斥之便嬖近幸是以撓此心則絕之凡吾威儀言動之發莫非自然必使吾心泰而百體從令也吾心大而萬物咸備也是之謂正心何謂[illegible]天無貳無虞曰上帝臨女也有嚴有翼曰鬼神在旁也[illegible]夫匹婦勿謂可下曰此天民也一命一秩[illegible]曰此天職也創制立度恐其悖天

撰事庶務恐其違天凡吾舉措刑賞之施不敢自專曰天命有德也天討有罪也是之謂順天能順天則天與吾心為一而吾心自無不正能正心則吾心與天無間而於天自無不順以是行

祖宗之道則道焉無弊而足以主張乎法以是守

祖宗之法則法焉弗失而足以經綸乎道體無不立用無不行所謂光

先烈而臻至治者惟

下所欲而致之無難矣如是則君師治教之責

以盡上天寵綏之命以凝而磐石之宗社
之業豈不可以永保于億萬年而無虞也哉
臣竊伏海濱荷
生成作養之德有年矣平居所學固不出乎道
法之間每念異日幸望
清光奉
大對期有所論列敷啓以盡責難之恭而今也
實其時也顧草茅迂踈不知忌諱敢直述所
見聞者如此伏願
陛下留神澄省畢切於萬分有一之用

俯賜采行不勝幸甚臣干冒

天威無任隕越之至臣謹對

臣董玘

臣對臣聞聖人之御天下也有致治之本有輔治之具蓋道者治之本也而輔之必有其具法者治之具也而出之必有其本二者可相有而不可相無者也創業者必兼得之而後可以裕後昆守成者必克全之而後可以光前業然是二端又皆原於心爲心存則自身而推者皆爲道因事而制者皆爲法而二者兼盡矣心不存則道有未純法有未備而二者胥失矣道法兼盡此唐虞三代之盛治

所出不可及也得其一而有未純乎備焉此
漢唐宋之治所以不古若也然則今日欲治
效之臻其極固不出乎道法二者之間又可
不先存其心以為之主哉欽惟
皇帝陛下以聖人之德居聖人之位仁育義正而
道成於上綱舉目張而法布於下治化之盛
固已不愧於古矣茲復
廷集多士以道與法為問顧臣愚陋何足以仰
副
淵衷雖然

陛下之設此舉蓋將采而行之非虛循故事而已
也蘇軾有言君以名求之臣以實應之矧今
陛下以實求之臣敢無辭以對乎臣惟古昔帝王
膺天命之重御天下之廣以成己成物之責
萃於一身而不可虛居也故必盡道以端天
下之表以立斯人之極道既成矣猶慮事無
定則人無定守而斯道之行無以徧天下及
後世也故又立法以盡天下之事以防天下
之情人君為治之大端惟此二者而已何謂
道脩身齊家以至治國平天下皆是也何謂

法建立紀綱分正百職順天揆事至於創制
立度盡天下之務皆足也道者法之體所謂
致治之本也法者道之用所謂輔治之具也
其名義之攸在固有別矣而行之之序則有
相須而不可偏廢者蓋道必先定然後法有
所措而可立法必大備則其道有所輔而可
久苟惟致詳於法而無道以為之本則其具
徒張而無益於天下之治然或徒恃其道而
無法以為之具則其本雖立亦何以成極治
之功哉孟軻曰堯舜之道不以仁政不能平

治天下言道之不可無法也程顥曰必有關雎麟趾之意然後可以行周官之法度言法之不可無道也臣　請證古人之跡夫帝之聖者莫過於堯舜王之聖者莫過於禹湯文武其為道為法各極其至以其道言之如克明峻德慎徽五典肇脩人紀建其有極道之行於身也敦敘九族克諧以孝時肅展親刑於寡妻道之施於家也平章百姓庶明勵翼德降國人化行江漢道之形於國也協和萬邦教訖四海克綏厥猷止畢稱德道之及於天

下也以其法言之如欽象授時璿璣齊政頒
朔授民順時行令此順天之法也百揆四岳
統理於內州牧侯伯分列於外此命官之法
也六府孔脩庶土交正鄉遂用貢都鄙用助
此養民之法也家有塾黨有庠術有序國有
學此教民之法也當是之時黎民敏德萬國
咸寧人人有君子之行比屋有可封之俗五
刑措而不用兵革棄而不試山川鬼神莫不
寧鳥獸魚鼈罔不若其治效之隆如此豈無
自哉蓋其所以為治者皆本於心觀夫詩書

之所稱曰欽明曰精一曰祇德曰懋敬曰敬止
曰執競是其心之所存純乎天理而絕乎人
僞故道由此行法由此立二者兼盡而治化
自隆也自是而降享國久長者莫如漢唐宋
然其爲治也皆不能兼乎道法之全以漢言
之創業如高光守成如文景明章皆賢君也
觀其發義帝之喪戮丁公之叛尊禮太公孝
養薄后大封同姓痛泣同氣其大綱之正亦
庶乎治之道矣然庶幾乎草創禮文多失語井
田則未復語官名則不定而於先王爲治之

法皆關乎其本之謹況其所謂道者又多出於駁雜其能如王道之純乎以唐言之創業如太宗守成如玄宗憲宗皆賢君也觀其以尊本任衆以職事任官以府衛任兵以租庸調任民考課有四善二十七最之詳致刑有三覆五覆之奏其萬目之舉亦庶乎治之法矣然脅父起兵戕兄攘位麀聚瀆倫牝晨司禍而於先王為治之道則睽乎其本之閒況其所謂法者又多出以己意其能如王制之備乎以宋言之如太祖太宗之創業真宗仁

宗之守成皆賢君也觀其分敘艾之痛守金匱之盟忠厚以主國而刑不加於士夫嚴肅以治內而事不變於戚畹其爲道亦有可稱者然制度之立類因五代之舊官名屢易而違六官分治之義審官有院而無三考黜陟之嚴兵雖有三衙四廂之制而失寓兵於農之意刑雖有折杖覆訊之法而失宥過刑故之規其能如先王經制之善乎故其致治之效止於海內殷富黎民醇厚而禮義則未興雖數州粟三錢外戶不閉而風俗則未美

有聲明文物之盛而國勢常削弱不振是豈
先王之治卒不可復哉蓋自漢以來心學失
傳或不事詩書或學尚黃老或性多褊察欲
行仁義者或漸不克終仁厚有餘者或剛斷
不足是皆任其資以為治隨其世以就功而
於先王之道法或得其一而遺其二或得其似
而失其真治化不能復古無足恠也洪惟我
太祖高皇帝定天下之初正己以建極稽古以垂
憲致治之道輔治之法真可謂一洗漢唐宋
之陋而上繼乎唐虞三代之盛矣臣請舉一二

為
陛下陳之
御製大誥申明五常之義資世道訓弘敷禮義之教
祖訓所載無非脩身齊家之方孝慈有錄一皆天理入倫之正哉
聖祖之道即帝王之道也
大明日曆具載一代之法程洪武政記動契千古之典則諸司有職掌得虞廷任官之意禮儀有定式同周禮防僭之嚴哉

聖祖之法即帝王之法也
列聖相承踐脩厥猷而
聖祖之道行之不息克篤前烈而
聖祖之法守之無弊
陛下莅阼以來昧爽丕顯惟道是由甲夜視事惟
法是踐
經筵所講諄諄乎仁義之言
會典之脩鑿鑿乎典謨之實是以上有道揆下
有法守
朝廷清明四方無虞治平之效誠有非漢唐宋

之所能及者
陛下猶謂治效未臻其極而疑道有未行法有未
守抑行之守之而未盡若古此固
陛下惟日不足之心也雖然臣嘗竊伏草茅念天
下之事有繫於心久矣今幸承
明詔言及之而不言是負所學是負吾
君也臣請言未行未守之端而後及行之守之之
說夫京師諸夏之本密邇
道化是宜導道導路而有時雍之休也今臣應
試而來所見風俗偷薄習尚浮靡人民驕頑

抵冒殊扞德色誶語尚形於父母侈靡剝金每肆於白晝或有如賈誼之所慮者京師且然況四方之遠乎哉

祖宗却異味服澣衣先迪厥德以先天下當此之時五典克從百姓相親俗尚純朴無敢自踰于非彝者校之今日大有不同然則

祖宗之道未能盡行者亦容或有之矣內外職司大小之事具有成法以臣觀之其名固如舊也而其實則或已亡矣如徵斂有則定差有等此賦役之法也今或脫丁以逃役詭籍以

避征軍必服伍將必擇才此兵衛之法也今
或離行伍而受役於私門竊首級而列職於
邊閫銓選之法不拘流品惟功與賢今亦有
無功而進非賢而授者矣斷獄之法必罪與
律協今亦有無辜而戮有罪而貰者矣然則
祖宗之法臣亦未敢謂其能盡守也即此推之則
治效之未臻其極有由然矣
陛下欲天下之極治亦豈必他務哉惟行
祖宗之道守
祖宗之法而已然世之進言於

陛下者不過曰道之未行教訓之未至也亦申嚴之而已矣法之或弊有司之不能守也亦戒飭之而已矣臣竊以為此皆其末也欲行
祖宗之道守
祖宗之法惟在
陛下之身焉蓋道成於己而後及乎人教訓雖嚴而身無以率之則所令反其好而民不從矣故董仲舒推春秋謂一為元之意以為視大始而欲正本也春秋深探其本而反自貴者始臣願

陛下章志以示民貞教以率下言行道之發也必

謹之而不苟威儀道之顯也必正之而不忒

宮壼道之所自始也必敦刑家之化

朝廷道之所自出也必謹守正之規由是正百

官以正萬民正萬民以正四方舉而措之無

弗順者夫何患道之有未行乎法行於上而

後遵於下若徒戒飭所司而身之所行乃或

有自撓其法者則臣下將師師無度矣故傅

說之告高宗曰監于先王成憲其永無愆而

臣亦惟說式克欽承曰願

陛下毋忘敬畏之念益弘篤敬之圖此一大號也則曰於舊法得無少變乎行一細事也則曰於舊法得無有戾乎喜有賞怒有刑苟違於法則過之而不行言有逆耳事有忤旨苟當於法則從之而不撓由是內而百司外而庶府罔不翕然承德而無或敢亂其法者又何患法之有未守乎夫能行

祖宗之道則不必別求古帝王之道而所以為致治之本者立矣能守

祖宗之法則不必遠慕古帝王之法而所以為

治之具者備矣而何一不由於
陛下之身耶且心也者一身之主宰萬事之本根
也
陛下欲行道而守法則古帝王與
祖宗之心學其可以不之講乎蓋道者心之蘊也
法者心之著也存心之功一有所閒則雖欲
行道而私或得以勝理雖欲守法而欲或至
於敗度其何以成天下之治哉臣嘗竊聞我
聖祖之諭侍臣有曰人之一心檢持甚難朕覺此
心如兩敵然時時防閑而未能也則平日存

心之理無一息之間蓋可見矣至如
親註閣書之洪範類編聖學之心法皆所以求
正心之方畫君臣行事於壁間書大學衍義
於兩廡亦所以爲存心之助蓋帝王相傳之
心學至我
祖宗而復續誠
聖子神孫之所當取則也
陛下深處法宮所以用力於心學者臣固不得而
知然竊見行道守法之間尚有可議者意或
於理欲危微之辨尚有未精擇舍出入之間

尚有未定而忠佞順逆之言尚不能無惑歟

臣願

陛下於退朝無事之時不以為可忽而居之必敬念慮方萌之際不以為莫覩而察之必嚴紛華波動之頃不為其所引而操之必定古訓

聖謨可以沃此心必講明而力行之正人端士可以養此心必親近而薰炙之便辟之流憸諛之術足以惑此心必深惡而屏斥之內外交致其力願微不間其功使此心本然之體無時而不存應用之機無發而不當則運用於

一身者無非大道而可以為致治之本經緯
於萬幾者無非大法而有以為輔治之具將
見百姓大和四海永清諸福之物可致之祥
莫不畢至而功可以光
祖宗業可以垂後裔治可以配古帝王之盛矣伏
惟
陛下採而行之天下幸甚臣干冒
天威無任戰慄之至臣謹對

臣謝玉

臣對　臣聞聖人有化成天下之本而亦必有維持天下之具夫天下之大治不容以易致也必有道以化成之道不能以徒善也必有法以維持之道者法之體治之本也法者道之用治之具也道有未行法固無自而立法有未備道亦何由而行哉道不行法不立則其本既失其具亦隳縱有所為不過聲音笑貌之末因循苟且之圖而無益於所為治矣人君一身天下之所仰賴而取則焉者適其

可以不行而法其可以不守哉然道之與法
皆原於一心人君之所以行道守法亦惟其
心之所存何如耳故孔子曰苟不至德至道
不凝焉又曰凡為天下國家有九經所以行
之者一也吾心既存則體用兼該本末具舉
道行而不渝法立而能守德可久業可大而
天下之治有不難致者矣古昔帝王與我
祖宗之致盛治而漢唐宋之不古若者豈非以其
所存之異而道與法之不同哉恭惟
皇帝陛下稟聰明睿知之資纘重熙累洽之運其

於化成之本維持之具固皆本於躬行心得
之實而行道守法之驗又復見於上安下恬
之餘宜若可以無為矣今乃不自滿假進臣
等于
廷俯賜
請問以求行道守法之要臣雖至愚其敢無辭
以對夫道原於天而備於人乃不可易之理
自正身齊家以至治國平天下者皆道也法
立於前而垂於後乃不可變之則自建立綱
紀分正百官以至順天揆事創制立度以盡

天下之務者皆法也非道無以為法之體非法無以為道之用其名義固各有在而相須之理先後之序亦自可見矣臣嘗考之經傳其論治道者有曰允懷于茲道積厥躬此脩身之說也曰父父子子夫夫婦婦兄兄弟弟而家道正此齊家之說也曰庶明勵翼邇可遠在茲此治國平天下之說也以是為治則所以化成者有其本矣其論治法者有曰辨賢否以定上下核功罪以公賞罰此振綱紀以正百官之說也曰王者所為宜求端於天

此順天揆事之說也曰制度不立下無法守此創立制度之說也以是為治則所以維持者有其具矣然道焉非法則精微之蘊無以顯設於下法焉非道則凡衆之動無以取信於人道與法豈可以偏廢而行之亦豈可以無序哉古之善治者帝莫過於堯舜王莫過於禹湯文武以道言之若克明峻德精一執中方懋厥德檢身不及純亦不已執競維烈脩身固以道矣由是而推焉則自親睦九族以至協和萬邦自克謹以尊以至慎徽五典

曰克倫于家克勤于邦曰彝倫人紀建中于
民曰刑于寡妻御于家邦曰建其有極錫厥
庶民則帝王之所以治平者何莫非當然之
道哉以法言之如疇咨若采熙陟幽明克有
常典徵于有位常事常秩之立義德容德之
用振綱紀以正百官矣又推而廣焉自曆象
授時以至允釐百工自璣衡齊政以至協律
同度曰府事允治則壤成賦曰茲率厥典奉
若天命曰九一世祿康功田功曰五紀協用
九府圜法則帝王之所以順天揆事創立制

度者何嘗有不善之法哉夫帝王之治之善
如此是其所謂道者固非聲音笑貌之末而
所謂法者亦非因循苟且之圖蓋心之所存
無私偽物欲之留有至誠盡性之妙以德凝
道則不可易者成於此而足以為化成之本
以道制法則不可變者立於此而足以為維持
之具彼此兼舉之中而得先後施為之序其
所以致雍熙泰和之盛者有由然矣帝王而
降稱善治者莫過於漢唐宋漢之大綱既正
道已得其槩矣惜乎多襲亂秦之弊未脫焉

上之冒亂撲肆違法蓋無足觀焉若論其極
則所謂大綱正者亦皆假借暗合而非躬行
之實遺其所道非帝王之道也故尊太公而
不免擁篲之迹抑戚姬而不免人彘之禍斬
丁公赦季布似矣而大臣數見遠繫剖銅符
封功臣似矣而諸侯屢至誅夷其身果正而
家果齊乎其國果治而天下果平乎創業如
此守成可知肆有七制之名不足道也唐之
萬目既舉法已得其槩矣惜乎脅父起兵推
刃同氣閨門慙德遺則無足觀焉若究其極

則所謂萬目舉者亦皆竊取近似而非稽古之實法其所法非帝王之法也故省寺冗官不免政出二三之誚乘怒用刑徒申三覆五奏之條儀用渾天曆用麟德似矣或謂與天雖近而未密庸調之設府兵之制似矣或謂與古雖近而未詳其紀綱果振而百官果正乎其揆事果當而制度果無缺乎垂統如此後焉得終雖有三宗之稱不足言也追夫宋之創業崇周后之禮守金匱之盟處將相而諭以相安之情遣吳越而使知不留之意遺

亦行矣而脩齊治平之學有未聞嚴宮禁之
限儉室宇之飾政事不假於外戚乘輿不施
於內庭法亦立矣而典謨訓誥之政有未盡
其後守成之君或力行恭儉或謙恭任賢庶
幾賢者惜皆仁厚有餘而剛斷不足賛容雖
戚而武備則衰其治之混於漢唐而不能追
配帝王也固亦宜哉夫道不自行必本之心
而後行法不自立必運之心而後立心為物
欲所蔽而無正大光明之美故其道之行者
雜夷雜伯而不足以為化成之本法之立者

或煩或簡而不足以為維持之具治道日替
如此又烏足縷數其事以壓瀆
天聽哉雖然道不自弊人弊之也法不自壞人壞
之也然則行道立法不有待於人乎仰惟我
太祖高皇帝建極垂憲道法兼舉所以化成維持
乎天下者不恃有可畏之勢而惟恃有不可
易之道不恃有不拔之基而惟恃有不可變
之法
聰明天縱若無事於脩為者矣猶昧爽而起日
昃忘餐延接儒生講明經典行絶乎邪靡躬

敦乎儉朴其正身者至矣至若孝隆於追崇
哀感於追祭治內有禮而致逮下之化睦族
有恩而廣同姓之封柔遠能邇則德化不限
於南北用夏變夷則風俗痛革乎胡元所以
齊家所以治平者皆本於道然又懼後世之
或不能行也故著之簡冊若洪範之解
大誥之編與夫
祖訓孝慈錄之類所以申明乎道而化成天下者
又渾然全備其視帝王之道果何忝乎海宇
維新若無假於飭治者矣猶命諸臣更相論

正王朝禮儀之式文武勲階之嚴爵賞以酬
功刑罰以懲惡其振紀綱以正百官者詳矣
至於脩事省愆闘災致懼曆用大統而無踰
時求合之勞郊祀蒐擧而革肆赦蔭補之濫
秩祀百神則去帝王公侯之號建立學校則
有郡國邑社之名所以順天揆事創立制度
者必善其法然又懼後世之或不能守也故
著之典憲若洪武之禮儀九奏之樂章與凡
諸司職掌
大明律令之類所以闡明其法而維持天下者

又燦然具備其視帝王之法果何愧乎自是
以來
列聖相承重華繼照作於前者垂無疆之燕翼繼
於後者衍莫既之鴻休知
祖宗之道即帝王之道而必可行也如曰
皇考垂訓至要之道
朝廷守之可以永安又曰
太祖之言皆持身正家以至治平天下之道每事
遵守豈不福祿永遠由是觀之則道之見於
守成者可見矣知

祖宗之法即帝王之法而必當守也如曰
皇考肇造鴻基垂法萬年茲予繼承恪守成憲又
曰守成之主動法
祖宗斯鮮過舉由此觀之則法之見於守成者可
見矣至於
陛下益隆繼述克篤前烈所行者即
祖宗之道所守者即
祖宗之法而猶自以治效未臻其極為慮臣是以
知
陛下之心蓋欲追配帝王而不屑乎近代之陋也

夫所謂化成天下之道
陛下固已行之不邇聲色不狎嬖幸恭儉出於至
誠孝友得之天性愛國憂民之仁又每形於
軫念之際矣而或者猶有天地之憾貴戚之
家驕侈相尚輦轂之下寇盜肆行凡后飾襟
屋之僭併倨反唇之陋自王畿以至海內其
俗猶未盡除豈所以化成之者猶有未至乎
臣愚以為道不容於他求惟紀之而已矣所
謂維持天下之法
陛下固已守之勤遵成憲無有愆忘首除冗食之

員克謹敬天之訓也田武舉之類又振起於
廢墜之餘矣而或者猶有文具之議告令既
頒而民罔實惠條例雖煩而下無定守凡變
格停滯之失紛更紊亂之為自
朝廷以至州縣其弊亦難枚舉豈所以維持之
者猶有未至乎臣愚以為法無容於他議惟
信之而已矣蓋道與法皆出於吾心而所以
行之守之者亦惟此心之所為也苟心之所
存於道也或不能純則其所行者暫合暫離
得於此而或失於彼於法也或不能信則其

所守者隨是隨非執於前而　於後是其
本已植而復搖其具已張而　夫何足以
化成維持天下也哉
陛下日御
經筵講求至一之理固知道之當純不　之
所行者果皆本於此心之純否乎就有未純
而欲以去其雜古有其說矣曰一則純曰君
子以自強不息及其至也純亦不已焉夫人
心之所以不能純者以志不勝氣耳
陛下於經筵之餘深惟默省以聖人之訓為當必

浙江鄉試錄序

巡按監察御史鮮冕始按浙江藩臬長左布政使任鏜按察使李承勛暨寮寀以賓興故事告正德丙子春三月也御史冕方飭吏治貞憲度振厲士風而尤以得眞才為務

議行如故事加愼密焉惟時
鎮守者有若太監王堂雅尚
文彥整飭鹽法者有若左副
都御史陳天祥銳意作興太
監浦智晁進以督造崔瑤以
監船監察御史成英以巡鹽
代監察御史趙春者亦至焉

郎中王崇獻謝廷瑞員外郎
蔣愷吳良棐徐度朱璠主事
李重各以使事涖茲土樂觀
盛典之有成也先是監察御
史潘鵬未代謀諸清戎御史
沈灼御史春走書幣聘流等
十人及期先後至御史晃率

以入院合董學副使劉瑞所簡士二千二百有奇而羣試之如故事時則考試者爲教授流教諭陳艮山同考試者爲學正林汝舟教諭蕭綽盧溥顧欽王冕廖悌蔣壍劉詔提調者爲右布政使湯沐左

參議王翊監試者爲副使馬
卿僉事許讃而監臨之責御
史晃寔以之若左右參政周
曾官杲潘鐸副使羅欽德張
璉右參議楊清僉事吳希由
李淳胡訓朱廷聲胥協相於
外而都指揮陳璠郭琮傅智

江洪傳銘張浩申錫秦玉皆
與焉掌卷供事於內者自運
使吳大有知府梁材李伸寇
天敘而下皆慎簡以充者也
試終舉其尤者九十人次第
名氏并錄其文以
上故事也錄成流當序首簡亦故

事也乃作而言曰帝王之治
其取士果以言乎奏納有敷
自唐虞始固未有舍言而有
獲者已由今觀之詢事而績
成允而功卒以位天地格上
下馴麟鳳於郊囿熈皡太和
之風洋溢乎寰宇之外數千

百載下尚使人想慕慨嘆而
不能置也當是時明良喜起
朝野清明禮樂教化之滂沛
其氣象何如哉若是乎言之
利於治也夫言而利於治取
士可也而後世乃有不然者
何也古之言純乎道道蘊於

中而發諸功業見諸詞論皆
道之華也以是而取士其有
不得者乎三代而降蓋蕩然
矣是故言之不足以取士也
非言之罪也歟於道而已我
祖宗誕受寶曆尊用儒術一惟堯
舜之道上自

經筵旁達學校以及于科舉取
士非六經四書莫之講也蓋
舉前代所謂賢良詞賦宏博
等科之陋而一洗焉者其待
士不爲不正且隆也百五十
年道化隆洽官無異政士無
乖習至於弘治正德而盛莫

有加焉爾諸士生斯世與斯
選而進者固以言見取者也
獨非幸哉視唐虞之盛制不
同而義同焉者矣平居絃誦
之餘亦慨然感奮於斯乎夫
言而不純乎道斯無利於治
矣無利於治者空言矣君子

恥之
朝廷取士之初意固不然也而
況於堯舜之道乎諸士子登
庸始自
令日其可以自負哉孟子有言
奚有於是亦爲之而已矣請
以是爲忠告之誦

福建興化府儒學教授彭流

謹序

正德十一年浙江鄉試

監臨官

巡按浙江監察御史鮮晃 文卿四川巴縣人 乙丑進士

提調官

浙江等處承宣布政使司右布政使湯沐 新之直隸江陰縣人 丙辰進士

浙江等處承宣布政使司左參議王玥 汝温直隸永平衛人 己未進士

監試官

浙江等處提刑按察司副使馬卿 敬臣河南林縣人 乙丑進士

浙江等處提刑按察司僉事許讃 廷美河南靈寶縣人 丙辰進士

考試官

福建興化府儒學教授彭流　朝宗江西鄱陽縣人　乙卯貢士

直隸淮安府山陽縣儒學教諭陳艮山　養吾福建莆田縣人　辛酉貢士

同考試官

直隸河間府景州儒學學正林洊　濟甫福建閩縣人　丁卯貢士

直隸太平府繁昌縣儒學教諭蕭綽　臣裕江西泰和縣人　甲子貢士

河南開封府許州臨潁縣儒學教諭盧溥　德宏廣西林桂縣人　乙卯貢士

直隸真定府真定縣儒學教諭顧欽　伯承應天府上元縣人　戊午貢士

河南河南府偃師縣儒學教諭王冕　廷諧湖廣安仁縣人　丁卯貢士

江西饒州府德興縣儒學教諭廖梯 雲卿福建興化衛人 甲子貢士

直隸淮安府鹽城縣儒學教諭蔣塗 汝貴廣西全州人 庚午貢士

陝西西安府華州渭南縣儒學教諭劉詔 汝承四川江津縣人 癸酉貢士

印卷官

浙江等處承宣布政使司照磨所照磨薛岡 鳳鳴直隸廬江縣人 監生

浙江等處提刑按察司照磨所檢校張廷祐 世祿山東商河縣人 監生

收掌試卷官

兩浙都轉運鹽使司運使吳大有 元亨直隸崑山縣人 丙辰進士

杭州府知府梁材 大用順天府大城縣人 己未進士

受卷官

嘉興府知府李伸 道甫陝西西安後衛人 壬戌進士

寧波府知府寇天叙 子惇山西榆次縣人 戊辰進士

兩浙都轉運鹽使司同知馮琨 君美直隸崑山縣人 丙午貢士

温州府推官孫元 從一湖廣安陸州人 甲戌進士

彌封官

台州府天台縣知縣郁浩 子淵湖廣永州衛人 乙丑進士

杭州府海寧縣知縣曹珪 廷獻湖廣黄岡縣人 辛未進士

金華府金華縣知縣吉棠 師召直隸丹陽縣人 甲戌進士

金華府武義縣縣丞潘棠 希召湖廣辰州衛人乙丑進士

謄錄官

湖州府烏程縣知縣陶盋 汝謙四川銅梁縣人戊午貢士

湖州府武康縣知縣方鐸 廷諭直隸合肥縣人甲戌進士

紹興府蕭山縣知縣伍希周 汝文江西安福縣人甲戌進士

金華府浦江縣知縣郭楠 世重福建晉江縣人甲戌進士

杭州府仁和縣知縣張介 廉夫直隸真定縣人甲戌進士

對讀官

杭州府錢塘縣知縣承天秀 鍾之直隸江陰縣人丁卯貢士

紹興府會稽縣知縣楊來鳳 從儀河南汝陽縣人 甲戌進士

紹興府上虞縣知縣劉近光 汝敬江西廬陵縣人 甲戌進士

衢州府常山縣知縣錢憲 國章直隸無錫縣人 甲戌進士

嘉興府嘉善縣縣丞倪璣 公在陜西咸寧縣人 戊辰進士

巡綽官

杭州前衛指揮使張琳 國賢廣寧府廣寧縣人

杭州前衛指揮同知吳傑 士英直隸貴池縣人

杭州右衛指揮同知陳繼勳 思忠直隸豐縣人

杭州右衛指揮僉事黎輔 良佐直隸合肥縣人

搜檢官

杭州前衛指揮使許曾 希賢直隸合肥縣人

杭州右衛指揮僉事劉舉 希仁直隸全椒縣人

杭州前衛左所副千戶吳泰 世亨河南府宜陽縣人

杭州前衛右所正千戶李鏜 大聲直隸慶都縣人

杭州前衛後所正千戶李綱 朝憲直隸撫寧縣人

杭州右衛中所正千戶周鎮 文遠直隸山陽縣人

杭州右衛前所副千戶李炤 彥明湖廣廣濟縣人

杭州右衛後所正千戶孔仁 元夫順天府宛平縣人

供給官

杭州府通判華綱 振倫應天府江寧縣人 監生

杭州府經歷司知事王儒 用文山西平定州人 監生

杭州府錢塘縣主簿李時 天師山東歷城縣人 監生

嘉興府秀水縣主簿許瑛 廷輝直隸當塗縣人 吏員

紹興府山陰縣典史高忠 克誠直隸睢寧縣人 吏員

嘉興府崇德縣典史李滋 宗潤直隸宜興縣人 承差

台州府天台縣典史黃泰 時亨湖廣耒陽縣人 吏員

嚴州府富春驛驛丞駱仲榮 秀之直隸盱眙縣人 承差

杭州府武林驛驛丞顏錦 尚絅廣東南海縣人承差

嘉興府西水驛驛丞劉仲煦 季溫山東歷城縣人承差

寧波府四明驛驛丞韓汝卿 士亨山東商河縣人承差

嚴州府桐江驛驛丞唐相 良佐廣西灌陽縣人承差

寧波府車廐驛驛丞李銓 選之直隸完縣人承差

紹興府山陰縣錢清驛驛丞王世臣 元佐直隸邯鄲縣人承差

第壹場

四書

仁者先難而後獲

喜怒哀樂之未發謂之中發而皆中節謂之和中也者天下之大本也和也者天下之達道也

非其義也非其道也祿之以天下弗顧也繫馬千駟弗視也非其義也非其道也一介不以與人一介不以取諸人

美在其中而暢於四支發於事業美之至
也
九二利貞中以爲志也
乾知大始坤作成物
剛柔相推變在其中矣繫辭焉而命之動
在其中矣吉凶悔吝者生乎動者也
剛柔者立本者也變通者趣時者也
吉凶者貞勝者也天地之道貞觀者

也日月之道貞明者也天下之動貞

夫一者也

書

予乘四載隨山刊木暨益奏庶鮮食予決九川距四海濬畎澮距川暨稷播奏庶艱食鮮食懋遷有無化居烝民乃粒萬邦作乂

無啓寵納侮無恥過作非

允迪茲生民保厥居惟乃世王

居寵思危罔不惟畏弗畏入畏推賢讓能
庶官乃和不和政厖

詩

予室翹翹風雨所漂搖予維音嘵嘵
之子于苗選徒囂囂建旐設旄搏獸于敖
自西徂東周爰執事乃召司空乃召司徒
俾立室家其繩則直縮版以載作廟
翼翼捄之陾陾度之薨薨築之登登
削屢馮馮百堵皆興鼛鼓弗勝迺立

皐門皐門有伉廼立應門應門將將

廼立冢土戎醜攸行肆不殄厥慍亦

不隕厥問柞棫拔矣行道兑矣混夷

駾矣維其喙矣

成王不敢康夙夜基命宥密

春秋

九月及宋人盟于宿　隱公元年　冬公

會齊侯于防　隱公九年

滕子來朝　桓公二年　荆人來聘　莊

公二十三年
吳入州來　成公七年　夏蔡朝吳出奔
鄭　昭公十五年　楚人及吳戰于
長岸　昭公十七年　戊辰吳敗頓
胡沈蔡陳許之師于雞父　昭公二
十三年　三月公會劉子晉侯宋公
蔡侯衛侯陳子鄭伯許男曹伯莒子
邾子頓子胡子滕子薛伯杞伯小邾
子齊國夏于召陵侵楚　定公四年

冬十有一月庚午蔡侯以吳子及楚人戰于柏舉楚師敗績楚囊瓦出奔鄭庚辰吳入郢　定公四年

秋晉荀吳帥師伐鮮虞　昭公十五年

禮記

天道至教聖人至德廟堂之上罍尊在阼犧尊在西廟堂之下縣鼓在西應鼓在東君在阼夫人在房大明生於東月生於西此陰陽之分夫婦之位也

君西酌犧象夫人東酌罍尊禮交動
乎上樂交應乎下和之至也
客爵居左其飲居右介爵酢爵僎爵皆居
右
樂由中出故靜禮自外作故文
夫義者所以濟志也諸德之發也
第貳場
論
君正莫不正

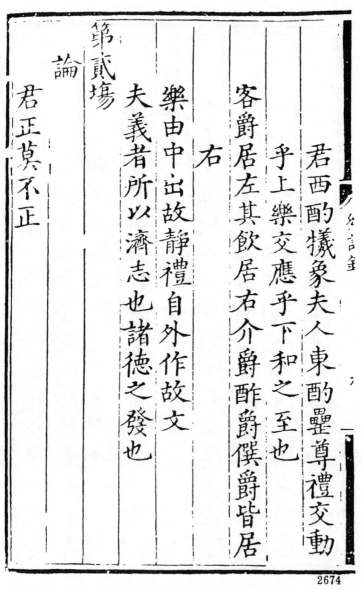

詔誥表　内科一道

擬漢令禮官勸學興禮詔　元朔五年

擬唐以姚元之爲兵部尚書同中書門下三品誥　開元元年

擬

授衢州孔氏裔孫世襲五經博士謝表

判語　五條

私剏庵院及私度僧道

守支錢粮及擅開官封

收蔵禁書及私習天文
私出外境及違禁下海
獄囚脫監及反獄在逃

第叄塲

策五道

問帝王之道貴守成繼述之善先法祖蓋
嘗伏讀我
皇祖之訓而有得焉曰自古帝王以天下爲憂
者唯創業之君中興之主及守成之賢

君能之又曰守成之君常存敬畏以祖
宗憂天下爲心則永受天之眷顧於戲
大哉
言乎考三王而不謬俟百世而不惑者矣三代
以上循惟此道夏之啓商之戊甲周之
成康卓乎不羣矣周之降稱漢唐宋于
漢吾得一人焉曰文帝而已宋吾得一
人曰仁宗而已若唐之諸君往往外身
心變寵倖窮奢侈災被厥躬而禍天下

皆不足與於斯者也我
國家由洪熈逮弘治百餘年矣
五宗繼體率皆存敬畏以不怠憂天下而不遑
守成法
祖盖有以符三代者重熈累洽太平之盛莫加
焉職此故也昔周公告成王無逸而詳
文祖以耳目所逮也爾諸生濡染
聖化孰有過於我
孝宗敬皇帝者乎修身之德本於敬憂天下之

志出於誠

敬皇帝無以尚矣其縷言之將以聞于

上爲法

祖守成助焉

問古之聖神繼天立極溥德化於當時作則垂訓端世教於後代者盖必有精神心術之妙爲之本者聖聖相承不謀而合儒先所謂傳授心法是也在堯舜禹則曰精一執中湯武則曰建中建極此

其見於經而入所共知者也竊有疑焉庖犧氏先羣聖而作者當其時雖法制未備而心法之傳不可無也否則所謂萬古斯文之鼻祖其義何居仲尼氏後羣聖而作者雖明王不興而心法之傳不可泯也否則所謂自生民以來未有盛於夫子者其言何據康節有言曰先天圖心法也吾終日言而未嘗離乎是蓋天地萬物之理在其中矣朱子有言

孔顏問荅傳授心法又曰中庸孔門傳
授心法斯道也其于堯舜之所謂精一
執中者同乎否耶夫不有以知之孰得
而至之爾諸生辯其所以異而同者以
觀性理之學
問朱文公有言古史之體可見者書春秋
而已春秋編年通紀以見其先後書則
每事別書以具其始末粵自吾夫子刪
修列爲六經萬世不可刋矣漢以來代

有述者亦未有外二書而爲體者也於是司馬遷有史記班固有漢書可謂一代史才而不免取譏於後世至三國志則其紊名義快恩讐遂爲春秋罪人然則作者何人而其鄙至此耶修新唐書者宋祁諸子也修五代史者歐陽永叔也可謂一代名筆而不能免議於君子至宋遼金三史則其饕富貴於虜廷忘夷夏之大義遂爲千古穢史然則作者

何見而其陋若是其甚耶若乃王仲淹元經倣春秋而作者或謂之僭司馬溫公資治通鑑倣左傳者也或謂其有補於治道朱文公綱目約通鑑而成者也或謂其得春秋之義金履祥通鑑前編祖綱目而成者也或謂其贊其是非得失安所折衷耶昔南豐嘗論典謨歸之良史胡文定嘗論春秋曰傳心要典其言可得聞耶今之志於史者宜何從以

媲良史而希聖人傳心之要典耶願聞
其說
問諫之來尚矣臣以善諫為忠君以從諫
為聖盖交盡之道也古之諫無官自公
卿大夫至庶人百工皆可諫也漢興始
置諫大夫而唐宋因之然古之君無失
德而後世多闕政何耶古之諫無費詞
少而吁咈一言多不過訓誥一書後世
乃有諫書十九上或諫草盈篋者豈君

臣相與一言而有餘上下不交千萬言而不足耶孔子曰諫有直諫有諷諫吾從其諷諷固美矣然而有不盡然者頗牧一論君心可悟矣然佛骨不表何以回憲宗之惑獻陵一對天聽可回矣然天書不辨何以斥天下之妄東萊有言諫之道有三難曰遠曰疎曰驟驟固然矣然而有不盡然者流涕漢庭者遠傳長沙而諫罷海南生荔枝乃臨武長小

吏也對策極言者置之下第而流民一圖動天悟主竟出於監安上門小官也若此者何耶我

國家深謀遠慮以言責付科道以直言無隱責諸人載諸律令宣諸

詔旨蓋將遠紹乎明目達聰而陋漢唐宋於下風矣正士君子可言之秋也其將爲直乎其將爲諷乎抑將畏其踈且遠而驟乎願聞至論

問兵食天下之大計帝王經綸聖賢講畫率視此爲先務蓋兵食足而後禮樂刑政可從而理也漢唐宋制因時變大抵創業多事兵食常有餘而承平之世反至於不足者何耶我

國家定鼎以來深謀遠慮而武備益修利國恤民而租稅有制兵食俱足天下賴焉久矣法久則弊弊則隨亦其勢然也何者輸于京者夏秋之稅約以數百萬計

食不爲不富也然聞一歲支給餘者無幾太倉之積不足以需十年之用者何耶中外之兵隸于衛所者動以二千萬計兵不爲不充也坐享民力而逋逃遍天下存者非柔脆則姦黠姦黠者影射於權豪柔脆者不熟閑於弓馬往往假手土兵橫肆屠掠焉者何耶夫古者三年耕必有一年之食九年耕必有三年之食則食無不足矣古者兵寓於農伏

至險於大順藏不測於至靜水不外於地兵不外於民養民得衆則兵無不威矣其將何道以致之耶是必有至當不易經常可久之規其爲我陳之

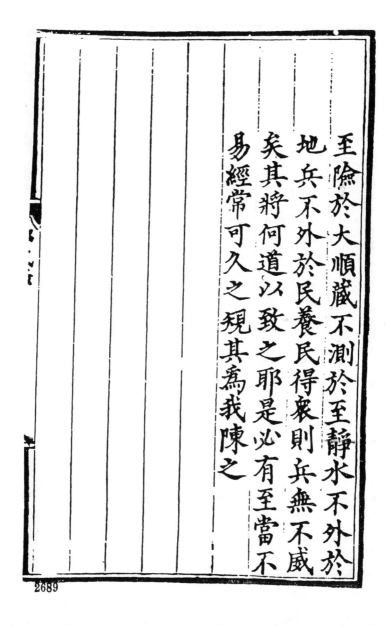

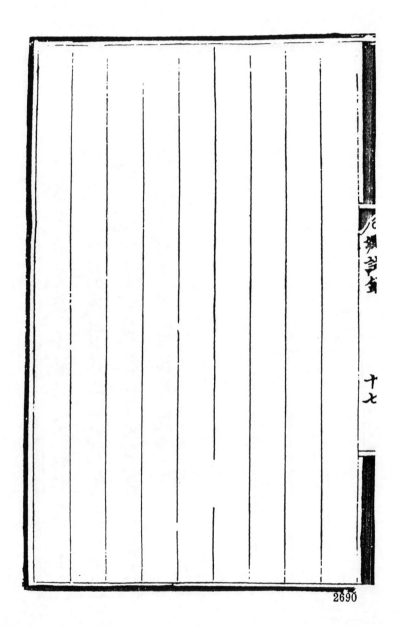

中式舉人九十名

第一名張懐　餘姚縣儒士　易

第二名龔輝　餘姚縣學生　詩

第三名吾謹　開化縣儒士　書

第四名祝繼皐　海寧縣學生　春秋

第五名沈瓛　杭州府學生　禮記

第六名章僑　蘭谿縣學生　易

第七名姚淶　慈谿縣學生　詩

第八名朱同蓁　餘姚縣學附學生　書
第九名臧應奎　長興縣學增廣生　易
第十名侯廷訓　樂清縣學生　詩
第十一名戴顯　寧波府學生　易
第十二名朱籃　紹興府學附學生　詩
第十三名張琳　歸安縣學生　書
第十四名陸銓　寧波府學生　易
第十五名顧遂　餘姚縣學附學生　禮記
第十六名汪應軫　紹興府學生　詩

第十七名毛文炳　餘姚縣學附學生　易

第十八名董穀　海鹽縣學生　詩

第十九名姜淥　江山縣學生　書

第二十名江暉　杭州府學生　春秋

第二十一名陳巨江　臨海縣學生　詩

第二十二名張逵　餘姚縣學附學生　易

第二十三名陳直　仁和縣學生　詩

第二十四名陳貫　湖州府學生　書

第二十五名屠倬　寧波府學增廣生　易

第二十六名邵經邦　杭州府學生　詩
第二十七名徐子俊　上虞縣學增廣生　易
第二十八名吳鼎　錢塘縣學附學生　書
第二十九名王鎔　慈谿縣儒士　詩
第三十名徐顯　杭州府學增廣生　春秋
第三十一名葉良佩　太平縣學增廣生　詩
第三十二名黃思親　瑞安縣學增廣生　易
第三十三名盧綱　麗水縣學生　詩
第三十四名曹贇　永康縣學生　書

第三十五名徐慶雲　開化縣學生　易

第三十六名潘穎　寧海縣學生　詩

第三十七名聞人詮　餘姚縣學附學生　易

第三十八名朱雲鳳　湖州府學生　詩

第三十九名商承學　淳安縣學生　春秋

第四十名徐昭　永康縣學生　書

第四十一名王演　湖州府學生　易

第四十二名羅瑞登　上虞縣學生　詩

第四十三名王儒　嘉興府學生　書

第四十四名徐璣　鄞縣儒士　易

第四十五名何音　龍泉縣學生　詩

第四十六名陳猷　樂清縣儒士　書

第四十七名毛復　餘姚縣學附學生　易

第四十八名周文燭　山陰縣學生　詩

第四十九名吳麟　孝豐縣學生　禮記

第五十名趙葉　東陽縣學附學生　詩

第五十一名戴鯨　寧波府學生　易

第五十二名周大昌　慈谿縣學增廣生　詩

第五十三名俞瀾　餘姚縣儒士　易
第五十四名錢煥　慈谿縣學生　詩
第五十五名楊楷　寧波府學附學生　易
第五十六名章浩　會稽縣學附學生　詩
第五十七名俞夔　建德縣學生　書
第五十八名秦武　台州府學生　春秋
第五十九名陸宗俊　杭州府學生　易
第六十名徐俊民　山陰縣學生　詩
第六十一名楊言　鄞縣學增廣生　易

第六十二名姜絅　金華府學生　詩

第六十三名葉式　永嘉縣學生　書

第六十四名董瀚　寧波府學附學生　易

第六十五名吳楓　東陽縣學生　詩

第六十六名徐子龍　餘姚縣學附學生　禮記

第六十七名陳壁　寧波府學生　易

第六十八名丘華　崇德縣學生　詩

第六十九名車純　上虞縣學生　易

第七十名湯霽　嘉興府學生　書

第七十一名董淞　寧波府學增廣生　易

第七十二名胡森　湯溪縣學生　詩

第七十三名李循義　鄞縣學生　易

第七十四名邵南　湖州府學生　詩

第七十五名范誥　秀水縣學生　書

第七十六名徐垣　台州府學生　春秋

第七十七名王相　鄞縣儒士　易

第七十八名劉鏞　慈谿縣學增廣生　詩

第七十九名孫景時　杭州府學生　易

第八十名陳亶　樂清縣學生　書
第八十一名吳迪　餘姚縣學附學生　禮記
第八十二名楊美冕　寧波府學增廣生　易
第八十三名應果　遂昌縣學增廣生　詩
第八十四名趙塤　餘姚縣儒士　易
第八十五名沈一定　慈谿縣學附學生　詩
第八十六名陳原理　慈谿縣學附學生　春秋
第八十七名金璐　錢塘縣學生　易
第八十八名費鏜　歸安縣學生　書

第八十九名王一槐　仁和縣學生　易

第九十名蔣泮　僊居縣學生　詩

第壹場

四書

仁者先難而後獲

閔懷

同考試官教諭蔣　批　先難後獲字字俱喫緊然要之不出公私理欲而已此作體認真切而詞足以發之是可録也

同考試官教諭盧　批　場中作者於先難處立論高遠殊非夫子荅樊遲本意此篇說理平正而意

亦精到豈亦用心於求仁者耶

考試官教諭陳　批　題難下筆而此作若不經意者是用錄出

考試官教授彭　批　發揮仁者之心殆盡是亦可與言仁者

論仁者之心急於其所難而不急於其所得焉

蓋難者人之所畏而得者人之所易趨也急於所難而不急於所得非仁者之心而能是哉昔聖人因樊遲問仁告之意謂欲知求仁之要盡

自仁者之心而求之乎何則仁者之心廓然其大公也而意必之私以絕瀞然其無欲也而較計之念不形故天下之事有義之所當行而不可廢者仁之所在也彼則以身先之舉天下之所難者見諸躬行而不憚天下之事有道之所當然而不容已者仁之所在也彼則以身先之取天下之至難者措之踐履而不辭射者之的也行者之歸也毅然此志之莫回孰謂其舉之莫能勝乎饑者之食也渴者之飲也確乎此心

之益勵何有於行之莫能至乎然道未明而計其功者斯世之常情仁者則後其所得而曰此吾性分之所固有耳功也者非吾之所計也義未正而謀其利者衆人之通患仁者則後其所獲而曰此吾職分之所當爲耳利也者非吾之所謀也人固先之彼固後之預期之念不介於心胷是何也仁之所以爲仁公而已矣一涉於私仁不遠乎人固先之彼固緩之冀望之心不形於念慮是何也仁之所以爲仁理而已矣一累

於欲仁安在乎吁聖人於樊遲舉仁者之心示
求仁之要豈非救其失而約其歸也歟抑嘗論
之聖門之學求仁爲要而知所以先之盖未有
仁而不本於知者也故曰知及之仁能守之又
曰知者不惑仁者不憂羣弟子往往舉仁知而
請益焉若樊遲之再問可知已然子夏聞夫子
之言輙能悟仁知之相爲用而樊遲者獨未喻
焉豈非麤鄙近利而學問之功未至耶雖然問
之弗知弗措勇之事也遲亦可謂知勇者矣

喜怒哀樂之未發謂之中發而皆中節謂之和中也者天下之大本也和也者天下之達道也

吾謹

同考試官教諭廖　批　中庸論道之發端處此節極為精密而此篇亦足以發之故錄

同考試官教諭顧　批　題不難於措詞而難於認理此作理明詞暢其精學之士也

考試官教諭陳　批　就心上說出道不可離語

皆精切可取

考試官教授彭　批　中庸義精到無如此篇

中庸名性情之德而該體用之全以見道之不可離也甚矣道之具於心也苟不于性情之德抑何以見其該體用之全而有不可離之實哉子思作中庸首明道之本原出於天而不可易其實體備於已而不可離至此若曰道之原本於性性之德發於情而心則統之者也何則順逆接而喜怒之所由生得喪交而哀樂之所由

著非所謂情乎是情也方其未發渾然在中而妙於不覩不聞之地寂然不動而泯於何思何慮之天蓋知覺雖烱乎其常存而偏倚則杳乎其無迹是故謂之中焉及其發也觸物而動秩乎其理也舒慘中當然之節隨感而應粹乎其順也欣戚咸至當之歸蓋情雖涉於事為而迹則絕夫乖戾是故謂之和焉然所謂中者非一人之私有性之德而原於天命者也渾然者涵萬化之機寂然者運百為之妙大而天地根柢

於此也也浩乎莫見其終窮散而萬物主宰於此也恢乎不見其不足非天下之大本而爲道之體乎所謂和者非一己之私情情之正而率其自然者也至當而爲天下之所共由不易而爲古今之所同履循其理放之四海而皆準順其則推之百世而無違非天下之達道而爲道之用乎是則中者和之所立和者中之所行固非有二物也此性情之妙而道之所以不可離者與君子存養省察之功蓋不可舍此而他求矣

執中之為道其來遠矣肇自羲堯而傳之舜禹以逮於孔子孔子發而闡之曰中庸者以斯道之常亘萬世而不可易者也子思述而益之曰中和者非異於孔子也指中庸之所以為中庸者使天下後世知所以求端而用力也言愈密而意愈切其憂天下後世也至矣志心學者而能致力於中和焉則位育之功可以馴至孰謂聖神功化之極不可能哉

非其義也非其道也祿之以天下弗顧也

繫馬千駟弗視也非其義也非其道也一
介不以與人一介不以取諸人

龔烜

同考試官教諭王　批　此是孟子推測伊尹之心
非真有是事也塲中作者率多昧此認理明白而
措詞豐潤僅見此篇

同考試官教諭蕭　批　豐縟渾融得孟子詞氣㒰
作也

考試官教諭陳　批　説得伊尹心事明白無如

此作

考試官教授彭　批　古人窮居自養之高處讀此自見

大賢論聖人有不苟於所處之大者有不苟於所處之小者盖辭受取與其道義之所在不以大小殊也聖人處之而一無所苟焉則制行可謂嚴矣豈復有所謂割烹之事哉孟子曉萬章之意如此盖謂以伊尹之德而猶蒙不韙之名是盖眩於好事者之言而不知考其實也盍於

其素履而觀之乎彼尹也身處畎畝之中而心游唐虞之上動靜起居一以堯舜爲之標的辭受取與一以道義爲之準繩自其大者言之質之義而有不宜揆之道而有不合辭之也則爲廉靖之節而受之也則有黷貨之非斯時也雖舉天下之大而祿之彼則視之如浮雲而漠然有不顧者焉繫千駟之馬而餽之彼則等之如敝屣而瀋如無所視者焉夫祿以天下貴之至也繫馬千駟富之至也皆人情之所易溺者而

尹則以道義之可否為交際之從違其於辭受何如哉不特此耳自其小者言之驗之人心而有未安察之天理而有未當與之者固非以道之交而取之者亦為無處之餽斯際也雖一介之與似無傷也恐來干譽之譏必不輕與諸人而惜之也至一介之取似無害也恐涉傷廉之玷必不輕取諸人而拒之也嚴夫一介之取取之小也一介之與與之小也固人情之所易忽者而尹則以道義之是非為物我之權度其於

取與何如哉吁伊尹當避世之時而勵檢身之節若此信乎其樂堯舜之道不徒誦說向慕之而已雖然觀之有商君莫聖於湯臣莫聖於伊尹者後世宜無容喙矣而猶以割烹謗者何耶蓋時至戰國縱橫之徒出而攻伐之術與士之以一長自負者求以遇於王公無弗至焉乃至爲無根之說而誣尹以自便借使湯而爲尹所要固非所以爲湯使尹而果要於湯則亦奚在其爲尹哉孟子深知其非而力排其妄夫然後

尹之誣白於天下後世而曉然其無異議也馬
遷有言伯夷得孔子而名益彰愚於是亦云
易
美在其中而暢於四支發於事業美之至
也
張愷
同考試官教諭蔣　批　中順皆聖人之德而中重
於順朱子謂美在其中復釋黃中固此意也讀者
往往不知體認而此篇獨會其旨是可錄矣

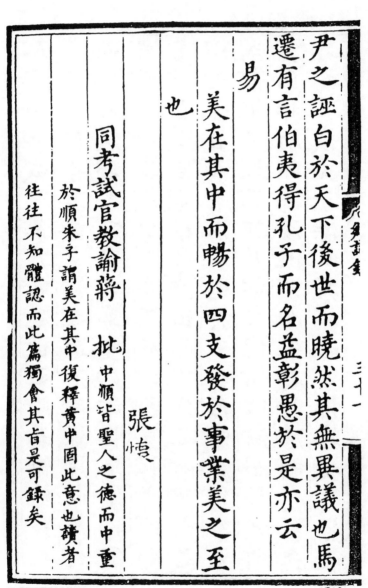

同考試官教諭盧　批　美之至處作者不一或原其始或要其終然以文義觀之此作爲是錄之

考試官教諭陳　批　平正精密非苟作者

考試官教授彭　批　主本義説良是

文言於坤六五之德必指其積中著外而贊之也甚矣德未易以至言也六五積於中而著於外焉此其德之所以爲極至而不可加也與文言復釋黄中居體之義而贊其盛若曰居尊莫貴於德而成德莫美於中六五君子以柔居尊

天性純懿而大中之德不偏不倚盖已充周於虛靈不昧之區天理純粹而中德之美無貳無雜盖已積滿於神明不測之舍由是暢於四支也吾知手容自恭足容自重抑抑乎威儀之可觀周旋中規折旋中矩雍雍乎禮度之可仰由內達外中自發爲順也生色根心順實本於中也不但此耳由是發於事業也吾知一日萬幾此中爲之經緯而無黨無偏之治以成四海萬民此順爲之協和而不識不知之休以致妙用

顯行全體之呈露也大業昭著盛德之徵驗也
夫積中未至於充實固不可以言美而發外未
極於盛大亦不可以言至六五天德之純既足
以立天下之大本而容貌之動治功之建又足
以爲天下之大觀合內外而一致兼體用而不
遺是美不徒美而美之至矣盡矣無復加矣文
言亟釋而極贊之有以哉烏乎此聖人之德也
合內外之道也五居尊故推及事業而言耳六
二曰君子敬以直內義以方外敬義立而德不

孤亦豈外內外以爲學哉要之五之德極於自然而二則學之方而求至於五也故曰敬義夾持直上達天德自此學易者盡亦於是圖之

剛柔相推變在其中矣繫辭焉而命之動在其中矣吉凶悔吝者生乎動者也剛柔者立本者也變通者趣時者也吉凶者貞勝者也天地之道貞觀者也日月之道貞明者也天下之動貞夫一者也

章僑

同考試官教諭蔣　批　此題雖槩論卦文吉凶而

意義亦自相蒙融會明白無踰此篇蓋究心於經

學者

同考試官教諭盧　批　塲中作者於貞勝及貞夫

一處草草不能發揮此篇只數語挑剔明白而知

歸宿之意可愛可取

考試官教諭陳　批　作長題無長語而易義自

見佳士也

考試官教授彭　批　文有組織錄之

大傳推變占之所以生而復各言其意也夫變
無定時而占有一定之理也大傳既推其所以
生而復各言其意如此翼易之義精矣且夫易
之爲書卦爻固有以立其體變占實所以顯其
用彼奇偶之畫爲剛柔剛不一於剛也剛或推
夫柔柔不一於柔也柔或推夫剛而卦爻之變
往來交錯固可見於此矣卦爻之變有得失聖
人因其變之得也繫辭焉而命之以爲吉因其
變之失也繫辭焉而命之以爲凶則占者所值

當動之爻象固不外於是矣夫動雖寓於辭而辭又生乎動故吉凶雖辭之命也然必因卦爻之動而後見否則徒存乎其文耳悔吝亦辭之命也然必因卦爻之動而後顯否則徒具乎其書耳又以變動言之其始也一剛一柔各有定位所以立變通之體及其變也自此而彼各趣乎時所以達變通之用又以吉凶言之天下之事非吉之常勝乎凶則凶之常勝乎吉幾每伏於無跡而勢不容以並形此固事之常也抑豈

知無理外之事哉觀法象莫大乎天地所以正常者示而已懸象莫大乎日月所以正常者明而已即造化之理驗天下之動雖變無終窮而順理則吉逆理則凶所以正而常者亦一理而已此聖人所以觀變繫辭而衆人所以因蓍求卦也噫論易而歸之理盡之矣抑是理也豈天下所本無而聖人強附於易者哉民生日用而不知耳又推其極雖天地易簡之妙聖人德業之盛固亦不能外也吾夫子以此義獨於上下

繫之首兩發之所以責吾人之體易而望後世聖人之用易意已獨至矣故曰神而明之存乎其人

書

予乘四載隨山刊木暨益奏庶鮮食予决九川距四海濬畎澮距川暨稷播奏庶艱食鮮食懋遷有無化居烝民乃粒萬邦作乂

吾謹

同考試官教諭廖　批　題詞難於槩括此篇分配
嚴整而畧無脫漏其經學之優者歟

同考試官教諭顧　批　此題分明説見治水成功
之難之意作者至乃粒作乂處頗多簡畧體認真
而發揮盡此作有焉

考試官教諭陳　批　得古人安不忘危之意

考試官教授彭　批　大禹當日意正如此

大臣歷述其致治之難實寓夫保治之意焉蓋
治水之功不易成也大臣歷述以爲虞廷告其

欲君臣相保於無窮者意亦深矣昔大禹皋
陶之問而言及此意謂致天下之治者固難保
天下之治者尤難我之所謂孜孜者豈無謂哉
當洪水滔天之際正下民昏墊之時予以天下
之水必因於山也則四載是乘隨山以相其便
宜斬木以通其蔽障而疏導之功可施矣然水
土未平民未粒食可但已乎爰暨伯益進彼衆
鮮之食使夫民之阻饑者聊有充飽之需焉又
以治天下之水必有其漸也則四體不恤先決

九川之水以距海次濬畎澮之水以距川而懷襄之勢可殺矣然水土初平民尚艱食可容已乎爰暨后稷用施播種之方而進夫民之艱食者仍有鮮食之飽焉水患悉平地利斯得又於是而懋勉其民山林之貨爲之貿易而農末其相資川澤之財爲之轉輸而有無其相濟則天下之利至是而通融矣夫然後斯民之衆俯仰之供一耕布之獲生理藹乎其可觀也饔飧之具皆稼穡之儲生意勃然其可掬也前此下咨

之日固安有耶萬邦之廣若遠若近莫不興起其治功庶績有咸熙之美矣曰府曰事咸得振舉其常道庶事有康哉之休矣前此方割之頃固安望耶夫治水之成功其難有如此者吁虞廷君臣聞斯言也則有以知大禹警戒之意存乎其間矣大抵古之大臣其爲國家之慮至深且遠也當泰而審復隍之戒居豫而存介石之心故有虞之世九功惟敘若無事於憂勤也然皐陶方以思曰贊贊陳於前而大禹又以思日

孜孜警諸後其安不忘危之意何如耶視後世倡爲豐亨豫大之說以阻其君之進者霄壤矣易曰危者安其位者也亡者保其存者也有虞之君臣以之

允迪茲生民保厥居惟乃世王

朱同蔡

同考試官教諭廖　批　保居世王俱從謹德中來傳意自見場中知此者僅得此篇允宜錄式

同考試官教諭顧　批　理順文從而結末數語尤

有警錄之

考試官教諭陳　批　能會傳意成文可取

考試官教授彭　批　得召公當日訓戒之旨

聖君信能行謹德之訓則澤被於天下而慶流於後世矣夫人君一身固天下後世之攸繫也生民之安王業之永而皆由於謹德是可不以允迪爲勉哉召公因武王受獒而作訓其終篇致意如此若曰我之陳於王者豈徒爲己敷納之美觀而不爲王踐履之實地哉彼玩人玩物

之戒道寧道接之方允諄複於告語者無非欲
王慎德而追配夫明王有益無益之言實賢寶
物之辨允懇切於啓蹠者無非欲王謹德而遠
企夫前哲信能於此夙夜克勤有以矜夫細行
務見諸行事而不委之空言也朝夕惕厲有以
基夫大德必體諸身心而不視為闊論也若是
其為效豈小補也哉近而天下之民仰君以為
生者也莫不蒙至治之澤而幸誅求之無擾享
平康之福而樂征役之有常出而作入而息室

家爲之胥慶也宅爾宅畋爾田比屋爲之相懽
也生民有不保其居者乎遠而後嗣之主仰君
以作範者也莫不賴創業垂統之盡善而萬年
厭于乃德藉貽謀燕翼之有道而百世厚夫本
支嗣身而子子孫孫纘大服而宰六合宜君宜
王於未艾也自此而繩繩蟄蟄洎中國而撫四
夷克長克君於無疆也王業有不永厥傳者乎
夫一謹德而致效有如此王亦惟予訓是行耳
豈可以受獒爲細行而不加之念哉噫召公作

訓之終而復以是歆動之忠愛之意至矣大抵武王聖人也一獒之受若不足爲當時輕重者而召公之訓至勤累牘而不厭焉盖憂治世而危明主古之大臣類皆有見而況武王創業之君耶噫以此爲防後世尚有如穆王之得白狐白鹿而荒服因以不至者乃知召公之訓信非迂闊者耳

詩

之子于苗選徒囂囂建旐設旄搏獸于敖

姚淶

同考試官教諭王　批　此章重選徒上作者殊失
輕重欲求認理真而措詞暢如此篇者絕少讀之
亦可想見宣王中興之盛

同考試官教諭蕭　批　田獵行於有道之世則爲
令典否則爲禽荒此作篇終及之有識之士也

考試官教諭陳　批　溫柔敦厚詩之教也此作
近之故錄

考試官教授彭　批　考證精核且能盡出中興

氣象可嘉

詩人美王者戒具以獵以見復古之盛也夫蒐狩以講武有周之舊典也宣王至東都而選徒以獵則其中興復古之盛不於是而見哉車攻之雅美宣王田獵選徒而作也意謂吾王興周業於中衰之餘修王憲於久廢之日玉帛復同於萬國鑾輿遂至於東都惟彼從王執事之臣佐王于苗之舉大蒐示禮而遂以理軍政也表貉誓衆而因以纘武功也夫狩獵之將行則車

徒之必選乃簡其車賦而辨其號名于以備易
野之驅馳選者之聲囂囂其甚衆可以見師旅
之衆盛而王賦復矣歷其卒伍而考其軍實于
以備險野之追逐數者之聲囂囂而獨聞可以
見部列之静治而師律嚴矣於是建旐於車後
龜蛇辨郊野之章設旄於旐端羽儀壯軍容之
飾蓋將即此東都往狩於敖鄗之野躬萬乘以
臨戎從羣醜而行三驅也非復古之偉觀乎往
彼西圃搏獸於敖山之區率諸侯以會獵觀大

獲而作六師也非中興之盛舉乎吁一田獵選徒之間王綱之再振人心之改觀具見則詩人之贊詠稱揚固自有不能已者矣嘗考周禮田獵掌於大司馬四時治兵一歲不舉則爲荒而會于東都又周家之故事宜宣王修舉於久曠之後也然祈招之詩虞人之箴則又深以爲戒何哉蓋以之修武則爲令典以之從欲則爲禽荒而治亂之所由分此有天下者之所宜鑒也

成王不敢康夙夜基命宥密

龔輝

同考試官教諭王　批　成王心與德處諸作非害則泛此篇獨詞理超然大有筆力

同考試官教諭蕭　批　成王之德與治效皆自不敢康來此作得之且詞致整潔可愛

考試官教諭陳　批　題難而形容至此又不費詞知是作手

考試官教授彭　批　典則之文得頌體者

周人頌賢王存不怠之心而積保命之德也夫

德者保命之本也成王心不敢康而積德保命
者極宥密焉此其所以爲賢而可頌也與此祀
成王之詩也蓋謂我周創業雖由於文武而守
成則賴於成王是故天祚周以成命文武既以
德而受之矣而繼之者有不在於德耶惟我成
王又能知天之難諶而恒謹苞桑之戒宴安不
敢懷也盤遊不敢縱也一念之憂勤赫然上帝
之臨女豈以撫盈成而少有怠乎思命之靡常
而恒切覆隍之虞多難恐有未堪也後患恐有

未毖也一心之兢業凜然天監之在茲豈以處治安而少自逸乎夙夜無間而心之匪康德之所由進也則其積德以爲基命之地者又恢乎其宏而兼體用之全穆乎其深而極精微之蘊有非淺狹之可窺誠足以繼二后而受命之益固矣朝夕不違而敬之常存德之所自成也則其積德以爲承命之本者又極其沉靜而聰明之不作極其周密而體驗之無遺蓋無罅隙之可議誠足以光先德而天命其永保矣是則不

息之心所以積德也宥密之德所以事天也推其要則一敬而已其能明文昭定武烈而衍八百年之祚者皆本於此周人追頌於登歌之頃夫豈不宜嘗觀成王幼沖周公教之者備至而流言足以動之則固非明睿過人之資矣然以其知敬故終能成德致治比隆唐虞雖師保之訓而其敏德之實亦不可誣也後世人主有能自得師而勉於敬焉何聖賢之君不可及哉而不為者非才之罪也於乎成王可以為萬世法

矣

春秋

滕子來朝　桓公二年　荊人來聘　莊

公二十三年

祝繼臯

同考試官教諭劉　批

士子多餖飣不切之語迺

合主司獨此作不費詞說而傳意自足且議論得

文定家法錄之

考試官教諭陳　批

記誅惡與善之意甚明宜

錄以式

考試官教授彭　批　詞嚴義正

禮修而黨惡者春秋黜之等於夷禮修而慕義者春秋進之同乎夏此滕與荊一進退之間而夫子立法之嚴宅心之恕具見矣且魯桓當國之初年也滕以同姓之好爰講來朝之禮夫滕本侯封春秋嘗舉其爵矣今黜而書子何耶盖桓以弒兄而自立于位當是時大夫未請也鄰國未舉也王朝未討也人猶有所望焉滕乃率

先而朝之跋履山川甘心助亂之首敢共幣玉
醜類黨惡之歸是禽獸逼人不恤與同羣矣借
曰天下有倡義之舉誰復見於將来乎沮之者
罪也聖人嚴於亂賊之黨以為奉天討舉王法
則名實所由定正滕黨魯桓之罪與黃帝之伐
蚩尤虞舜之誅四凶大禹之戮防風其事雖殊
而其理則一耳此何嫌耶於滕黜而書子所謂
等之於夷者如此乃若我莊為國之中年也楚
以遠夷之國聿舉求聘之儀夫楚以僭國春秋

嘗舉其號矣今進而書人何耶盖荆以僭王而
不安其位前乎此鄭其所伐也蔡其所入也獻
舞其所執虜也天下所同惡焉荆乃敀圖而聘
之文物衣冠而蛇豕之風頓息車馬玉帛而金
革之横不興是惡人沐浴可以祀上帝矣雖曰
前此有猾夏之惡誰復追其既往乎咎之者過
也聖人樂於與人之善以爲懲不悋嘉慕義則
遠邇所由服况楚本祝融之後視吳之本於太
伯越之本於大禹徐之本於伯益推之可遠而

近之可来耳可盡廢耶於荊嘉而稱人所謂進之於夏者如此夫貶滕之爵非擅大權也乃帝王誅伐之法進荊以人非損大防也實天地覆載之心聖筆所寓固豈國史所可與其萬一者耶雖然聖人既以黨惡黜滕矣又以穀鄧之朝糾家父之聘而重加貶焉然後桓之惡益不可逃君臣之分其嚴如此既以慕義進荊矣又以齊之盟宋之執伐而深惡痛絕焉然後楚之情益不容掩夷夏之防其峻又如此春秋作而君

臣各正其位夷夏各安其所豈曰小補之哉

秋晉荀吳帥師伐鮮虞　昭公十五年

江暉

同考試官教諭劉　批　春秋中如荀吳不納叛者絕少則此當有襃詞而曰纔免於貶此意固可推矣況傳中咸見二字尤甚明白場中作者率多昧焉此作認理措詞俱合程度是用錄出

考試官教諭陳　批　認理明白措詞嚴謹蓋邃於經學者

考試官教授彭　批　用兵禦狄意說得甚精

霸臣略遠而近正春秋平詞以示法此鮮虞之伐非霸討是以無褒不納外叛是以無貶聖人用兵禦狄之略咸見矣昔晉有大夫曰荀吳者當昭之十五年而有事於鮮虞焉春秋獨於是舉而褒貶無所加者何也蓋君子不登叛人將以嚴君臣之分王者不勤遠略惟以限夷夏之防有如荀吳者顧能無舉而兩盡乎始焉假讓夷之謀不免闢土以圖霸繼焉郤叛臣之請不

欲獲城而邇奸一則出兵無名乖晉君天覆地載之義一則見義有勇勵鼓人主辱臣死之節以常情阿君而所伐者未嘗侵掠之虜何有於禦狄之略視門庭之寇若伯禽之征徐夷宣王之征玁狁殆不侔焉以正兵加敵而所仗者不愆好惡之言何慊於用兵之道視殄滅之謀若林父之於潞氏士會之於甲氏固有間矣夷夏之界雖不能恪守而君臣之分實不忍泯棄聖人作經至此將欲褒之則有禦狄之非褒之不

可也從而貶焉則又有用兵之善貶之亦不可
也然得足以救失而功可以掩過故荀吳不以
國舉不以人稱書氏書名無褒無貶所謂平詞
以示法者如此噫無故而加兵以爭城者春秋
之諸侯所同也有守而歛兵以郤城者春秋之
荀吳所獨也春秋無義戰而荀吳免於譏貶吾
亦爲荀吳幸矣抑考荀吳之今日用兵是矣然
前日伐鮮虞而用兵者則非也今日禦狄非矣
然後日滅陸渾而禦狄者則是也同一荀吳也

同一春秋書法也何前後相矛盾而是非相水
火耶要之兵有誠諼之分狄有遠近之異以前
日而例今日則荀吳之心固不足取以今日而
例後日則春秋之法亦不可泥

禮記

樂由中出故靜禮自外作故文

沈瓛

同考試官學正林　批　此題作者多於靜文處分
别大明間有得者而詞語又失之腐令人厭觀現

得此卷講樂記題文暢理充語明意盡况他作皆
稱本房之冠屬之子矣

考試官教諭陳　批　文有矩度

考試官教授彭　批　析理精到殆深於樂記者

樂本於內也其情安禮動於外也其儀飾蓋樂主於和禮主於序也和極其靜而序極其文非以其有內外之異乎記者知其然謂夫聖人之制作理雖極夫感化實則妙乎身心彼樂之爲樂也咏歌有節舞蹈有容具文采度數之詳而

以和爲主者也人心欣喜歡愛之情既動於中由是發於咏歌者此和也形於舞蹈者此和也樂非由中出者乎夫人情多變之時固無有於靜矣今和既發於聲容而爲樂則其情一定而不可變是以倡和清濁之際情意安舒純然其罔間綴兆舒疾之間意氣安靜晏然其不爭足乎優游中平之美而遠乎猛暴侵凌之失是其靜者不本於和之出於中耶以至禮之爲禮也動容有節交際有儀具恭敬辭遜之實而以序

爲主者也人身進退周旋之節皆著於外則九見之動容者此序也施之交際者此序也禮非自外作者乎夫事理多易之際固無有於文矣今序旣著於節文而爲禮則其理一定而不可易是以形之矩度者升降上下燦然其有文見之威儀者酬酢往來蔚然其有章審夫節文品式之詳而去夫麤鄙亂易之非是其文者不由於序之著於外耶惟和也故能極天下之靜惟序也故能極天下之文禮樂之妙至於如此夫

豈不足以感人而成化哉夫抵樂雖中出而聲容則見於外禮雖外作而裁制則由於心蓋聖人履中正而制禮樂和平而作樂固無內外精粗之間者也至於靜者與天地同和文者與天地同節然後感人心至於移風易俗而贊造化至於天地得職非身心之間具制作之本者孰能與於是哉後世之於禮樂不求其本而於器數之末嗚呼亦淺矣

夫義者所以濟志也諸德之發也

同考試官學正林　批　題本正大士子講到濟志　顧遂
發德處多爲舊說所惑體貼不真此篇說理明白
措詞豐腴迥異衆作宜錄之以袪羣疑

考試官教諭陳　批　典則可觀

考試官教授彭　批　說得濟志發德處明白

論時祭之義成其心之所欲爲著其理之所當
爲夫志者心所欲爲而德則理所當爲者也君
子因祭以濟志發德焉其義不亦大乎祭統君

子因上文陽義陰義而申言之若曰禮以祭為重祭以義為先是故禘為陽之盛夏焉而灌獻聖人順盛陽而舉事其義蓋至大也嘗為陰之盛秋焉而饋食聖人順陰肅而行禮其義蓋至深也然何以為濟志發德者耶彼志者心之所之而濟則有所待而成其事之謂也若上欲尊祖而盡反始之誠下欲親禰而竭報本之禮皆吾欲為之志也欲為而無以成之則歉於心而不得遂矣禘嘗一明而義以行焉則反始之心

獲伸於奉承之頃報本之意得施於妥侑之時向雖歆然歉於心也今則裕然有以遂諸事欲爲之志有不待是義而成著乎德者心之所得而發則有所因而明其事之謂也若義重於祖推吾義以尊之仁重於禰推吾仁以親之悉吾當爲之德也當爲而無以發之則藴諸中而不得明矣禘嘗一行而義以舉焉則一心之義由饋祀而昭宣一念之仁因薦饗而顯白向雖隱然藴諸中也今則昭然有以達於外當爲之德

有不因此義而發者乎夫濟志則志無不厚發
德則德無不盛禘嘗之義其大如此君人者可
不明於是哉抑嘗論聖人之祭有曰自盡明重
有曰盡道端義雖行禮之一端而立教之原治
國之本宛然具在是其志義與德之間推而廣
之無顯不至無遠不化者也若徒備物於外而
不盡志於內則祭不能敬君人不全又何以為
治教之本哉孔子曰明乎禘嘗之義治國其如
視諸掌信夫

第貳場

論

君正莫不正

張懷

同考試官教諭蔣　批　論題似易而難達日披閱諸作類多蹈襲可厭晚得此卷脫去陳腐而意自明備亹亹餘千言若不竟其說者豈嘗用力於心學者歟他日格天事業吾於子焉拭目也其毋負

同考試官教諭盧　批　題不難於言而難於陳言

之務去子之言獨易其難可謂士之難得者矣

考試官教諭陳　批　文思如雲湧川行偉士也

考試官教授彭　批　說正君心處發揮殆無餘蘊而篇末猶有警策且溫潤悠揚論塲之優者也

天下無心外之治人臣之正君惟求諸心而已矣蓋天下大器也舉而諉之一人重任也人以行政者也政以圖治者也人政兼舉而有不得者則曰吾將御之以法而天下之治成矣顧何賴於方寸云者而欲

以是正其君乎噫是未知心之爲大而天下無心外之治也人主而舍是無以端出治之本人臣而舍是則所以正其君者亦苟焉爾尚何以治爲也是故大人之汲汲於是有由然矣而非有大人之德者則亦莫之能也孟子之言蓋允蹈之矣請申其說令夫人之所以超然於萬物者心也心之所以爲心者仁義也仁義也者賦於天而性於我粹乎一出於正而已矣靈而人

蠢而物大而天地幽而鬼神近而朝廷遠而九州四海六合之無極運以此心之仁義而有餘者其體固無不正而用亦未嘗出於邪也其或有不然者氣質之偏物欲之交害之耳況人主之心至微也攻之者尤不勝其衆乎則其於用人行政也而保其無非與失乎夫以其非與失而今日間之明日間之今日謫焉明日謫焉害者未除繼者沓至仁義之心雖有存焉者寡矣

此惟智者以爲能直者以爲力也而謂大人爲之乎所謂大人者非其形體異於人也仁義先得乎我心之同然而粹乎其不雜者也正已而物正者也人主求是人而親之任之尊而禮之則所謂道之教訓傳之德義保其身體者有其人矣所謂至誠以感動之盡力以扶持之明義理以致其知杜蔽惑以誠其意者有其術矣所謂正色斂容而非意自消出辭吐氣而群心胥

服者有其効矣而人主之心有不出於仁義者邪仁義所以正也而有不正者邪由是存諸心者藹乎其仁也截乎其義也見諸外者温然其可親也凛然其不可犯也推之家則九族惇叙矣正也推之朝廷則百官承式矣正也推之國則百姓昭明矣正也推之於天下則萬國咸寧四方風動而熙熙然其不識不知矣一正之發越也不特此耳天地可位也鬼神可格也夷狄

可来也鳥獸可馴也九州以之而至應也
四海以之而咸仰也六合以之而同風也
蓋不見而章不動而變其化有如此者不
疾而速不行而至其神有如此者夫人主
之心一正而其融液貫徹之功其盛且大
如此豈獨用人行政無可適間而已哉故
曰天下無心外之治抑此非孟子之言也
聞之於孔子嘗曰心正而后身修矣非孔
子之言也聞之於堯舜嘗曰人心惟危道

心惟微惟精惟一允執厥中矣盖未有中
而不正者也以此而修於巳則謂之心學
以此而傳之人則謂之心法是則正心者
人主之先務正君者大人之能事而凡有
志於國家天下者誠不可以莫之省也或
有疑者謂大人之至者莫孔子若也其次
則孟子焉然以三月之效而無聞於魯定
三見之攻竟以致爲臣而歸者何耶盖天
也非人之所能爲也定也宣也所謂棄天

者也棄天者天棄之天之所棄者人不能
止之此所以有孔孟而使之不得用也王
通曰道不勝時久矣孔孟之謂也盍觀伊
尹之於太甲周召之於成王乎一格於正
則昭延六紀之靈光被八百之祚此所謂
天與者也天與者人必將與之故與之伊
尹周召而使之用也夫天人相與之際微
矣亦甚可畏也哉世之爲君臣者盍思所
以畏天乎謹論

表

擬

授衢州孔氏裔孫世襲五經博士謝表

祝繼皐

同考試官教諭劉　批　聖裔出於魯兗者夫人皆知之若於衢雖誦法孔氏者亦或未喻焉此作能備述聖朝崇德象賢之意信可傳示天下矣

考試官教諭陳　批　儷語中有典則體可嘉

考試官教授彭　批　典雅可錄

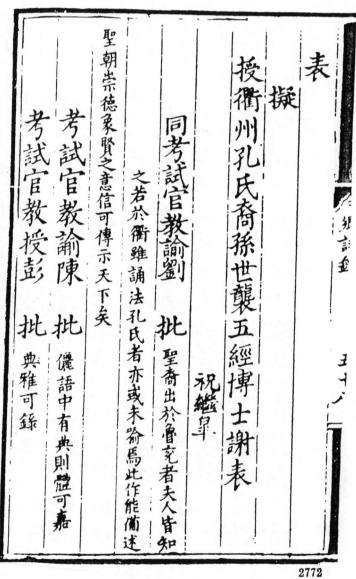

正德元年某月某日臣孔某伏蒙

聖恩以臣為翰林院世襲五經博士者臣誠惶

誠恐稽首頓首上言伏以

繼天立極萬世永賴於

先師崇德象賢百王相承於

今日粵稽彝典必錄宗功歷漢魏諸君而下

代有褒恩至

皇朝列聖以来益隆寵錫蓋

聖心為惟道統之重故

盛世丕顯文明之休伏念臣本出尼山支分
浙水考孔門則五十九代論衢世已三百
餘年始因扈蹕以行竟莫攜家而返義從
君難孝闕宗祧感歲月之累遷惟夙夜而
永慕及祖洙召赴元闕令襲爵歸守孔林
乃念南枝因推北族四世墳難忘展省五
項地足奉烝嘗上辭公爵之世封俯拜祭
酒之新命寧違榮不違道勝國之溫言尤
在進以禮退以義前人之敎法具存仙源

宗子雖繁菱湖賜業將墜幾同編戶獲際
明時茲蓋伏遇
皇帝陛下
乾衷天錫
離照日升
聰明動
皇考之稱
仁孝篤
慈闈之禮

肇登寶位德亦惟新
嗣守鴻基政無不善謂孔子之道實延國祚於靈長推王者之心欲衍聖澤於悠久顧曲阜之典儀雖備而西安之寓廟將堙仰成
先帝之貽謀特允守臣之請疏清衔示
寵奕葉傳芳俾毋作闕里之羞可永紹本支之祀臣敢不少飲酒多讀書敬服
皇祖之明訓厚彝倫彰聖德欽承

昭代之嚴規篤君子之道以對揚恩聖人之
後而儆戒無無復他說是則可爲伏願親見
吾
君接聖學之源得名得壽樂與斯人歸皇極之
化無黨無偏臣無任瞻
天仰
聖感激屏營之至謹奉
表稱
謝以

闈

第叁場

策

第一問

張懷

同考試官教諭蔣 批 此策鋪張我

先皇帝修身之敬與憂天下之誠鑿鑿皆實蓋濡染

聖化而有得焉者篇終欲

今上取以為法言甚激切臣子之忠愛類如此豈亦為秀才便有志於

天下者歟取以魁多士

同考試官教諭盧　批　我

孝宗聖德天下化之而不知知之而難名此策獨能揭其大端披覽之餘愀然如復見之雖後有良史不能易矣豈不足

爲

今日繼述之一助哉

考試官教諭陳　批　以守成之道備求於人君之身心探本之論也此作得其要而詞氣發揚忠懇之誠溢於言表讀之不覺起敬

考試官教授彭　批　繼統守成其要不出乎憂敬二字此作能備述之有識之士也

有君天下之大本有守天下之要道大本者何心是也人主之心一正可以配天地而況於君天下乎易曰正其本萬事理心之謂也要道者何成法是也有法而能守則天下雖大保之而有餘書曰鑒于先王成憲其永無愆法之謂也夏之啓商之太戊太甲周之成王康王所以保有天下而

令名垂之萬世而不泯者皆此道也然則
繼世以有天下者可不知所鑒哉洪惟我
孝宗敬皇帝遠承二帝三王之心法近守
一祖五宗之舊章曰敬曰誠所謂大本要道者
皆有以兼之矣秦漢而下烏足以語此哉
若夫漢文帝恭儉玄默而海內富庶所以
昌炎劉之業者也宋仁宗恭儉仁恕而君
子滿朝所以成慶曆之治者也是二君者
亦庶幾其能存心而守法者歟其在於唐

以明皇之英果而卒惑於嬖寵憲宗之剛
斷而終眩於朋黨他尚何說哉陋漢唐而
追商周盖嘗仰窺
先皇帝之盛德矣視朝有節帝王之勤政也讞
獄必親帝王之恤刑也郊祀謹時日之節
帝王之敬天也水旱施賑恤之恩帝王之
愛民也其崇文學也
御經筵以咨治道而字涉危亡者則弗忌焉其
修武備也嚴邊防以捍胡冦而逗遛無功

者則有罰焉其待朝士也敬大臣以禮撫小臣以恩起王恕用彭韶以從天下之望而天下頌其明其抑異教也放法王於裔地斥佛子於遐方刑繼曉屏李孜省以破天下之惑而天下服其斷遇會試之期必前夕致禱者所以求真才也當

廷試之日必正襟臨軒者所以親策士也傳陞乞陞而進秩者則落歸本階所以抑僥倖也寫經修齋而得官者則黜還民伍所

以惜名器也內帑無別貯之藏則不貴金
玉之義也內苑縱素畜之物則不作禽荒
之誡也進揚時之祀而嘉尚儒先罷延壽
之塔而愛養民力修
會典之書而人文以著建闕里之廟而聖道
以光優科道之能言而朝政無過舉詳條
例之疑獄而吏治無深文
廟饗必親曰此
皇祖之大訓也宮居必謹曰此

皇祖之深慮也若此之類孰非所謂修身之敬
乎孰非所謂憂天下之誠乎
祖訓有曰自古帝王以天下為憂者惟創業之
君中興之主及守成之賢君能之又曰守
成之君常存敬畏以祖宗憂天下為心則
永受天之眷顧如
孝宗之守成真無愧於
祖訓矣稱之曰三代盛德之主可也彼文帝仁
宗者又何足以望下風哉嗚呼恢弘前緒

光濟大業造太平之福于天下以傳于
皇上可謂付託有歸矣繼自今將傳之萬世則
孝宗之心與法固宜信而求之者也昔周公作
無逸以告成王自殷王中宗而下勤逸不
同而享年隨異纔數言而止耳至於文王
修德受命則累百言而不足焉豈非以文
祖乃成王近鑒之親而見信之深者哉然
則敬以脩身誠以憂天下
皇上之法

皇考有如成王之繼文祖而繼述之道斯盡矣

濬室之憂不能自已敢以是爲

獻

第二問

吾謹

同考試官教諭廖　批　道統始於伏羲而集大成於孔子其間聖聖相傳自有一心法要非學識粗淺者可語也此子纘纘言之如親歷其世而面受指南者豈亦有志於道學者歟得士若此嘗自慶矣

同考試官教諭顧　批　諸儒之論折衷得當而後
叅以已見可與論道矣
考試官教諭陳　批　議論雄渾妙於文者也
考試官教授彭　批　論道統之傳精切可錄
心法之傳何始乎隱於太極之渾淪而顯
於聖神之授受蘊於方寸之微眇而極於
宇宙之充塞所以叅天地而贊化育者此
也所以繼往聖而開來學者此也或見於
圖圖者有不盡之意或見於書書者有不

盡之言或見於言言者有不盡之妙其實
一而已矣古今異時而此心之法則無異
也窮達不同位而此法之傳則未嘗不同
也何者自古言心法之盛者莫盛於堯而
舜禹繼之湯武又繼之今觀其言曰精一
執中者是已曰建中建極者是已載之典
謨標之訓誥不惟其神功駿烈足以陶冶
乎當時而流風餘韻尚以鼓舞乎後世故
凡先儒之論心法者必歸焉雖然人知堯

舜有心法伏羲氏之心法所以開其始者則未之知也人知湯武有心法而孔子之心法所以要其終者未之知也伏羲當開闢之初際洪荒之世若無可為也然畫卦以泄天地之機規圖以象天地之秘卦則自太極而兩儀兩儀而四象四象而八卦八卦而六十四者是也圖則自乾至坤分而兩之規而圓之者即今之先天圖者是也撰之堯舜迥乎似不相涉也殊不知圖

之中即堯舜之所執者而太極者中之所從出也是道也惟康節知之故其言曰先天圖心法也圖雖無文而天地萬物之理在其中矣孰謂前乎堯舜者而心法之傳獨無人哉此朱子以萬古斯文之鼻祖稱之者不為過也吾夫子當衰周之世蔑制作之權若無可為者然論德必以中庸為歸講學必以求仁為要克己復禮非顏子不告擇善固執非子思不傳稽之堯舜邈

乎似不相通也殊不知擇善固執者即精一之功而中者乃仁之所以無過不及者也是道也惟程朱知之故其言曰中庸孔門傳授心法又曰孔顏問答傳授心法孰謂後乎堯舜者而心法之傳獨可泯哉此有子以生民以來未有盛於夫子者稱之者不為諛也是則伏羲也堯舜禹也湯武也孔子也異世而同心者也圖也書也言也異迹而同理者也復何先後窮達之間

哉故曰先聖後聖其揆一也雖然神聖遠
矣而心法之傳煥乎天日蓋有不可得而
泯滅者何誦其言者若是其衆而得其傳
若彼其寡也伊川不云乎前儒失意以傳
言後學誦言而忘味伊誰之罪歟蓋以格
致之功既不能盡吾心本然之量而誠正
之力又不能復吾心自然之體其聰明才
智者既淫於虛無寂滅而不知返淺陋庸
下者又狃於訓詁詞章而不能進此人心

之所以日喪而去道之所以日遠也孟子曰學問之道無他求其放心而已矣胡氏曰學者欲得其本心而已斯言也真爲學之本而質諸往聖無間然者顧有志於心學者共之毋徒爲紛紛異同之辯

第三問

龔輝

同考試官教諭王　批　策士以史正欲觀該博之學場中荅者未免掛一漏萬惟此荅詳悉無遺且

一予一奪宛然春秋家法噫可以占吾子之所蘊矣

同考試官教諭劉　批　此作於上下數千年史氏是非得失歷歷如指諸掌而斷制精詳讀之使人歛袵敬服佳士佳士

考試官教諭陳　批　記識博洽而議論精當深於史學者也

考試官教授彭　批　論史至此亦可謂謹嚴者

以天下之公作史而後文可傳以天下之

公評史而後論始定史也者是非之權衡
公天下之大法也故作史而不以公則無
以成一家之言評史而不以公則無以定
萬世之論然則史可以易言哉嘗觀三代
而上有二史焉書春秋是也在書則每事
別書以具其始末是爲書之體在春秋則
編年統書以紀其先後是爲春秋之體斯
二史者孔子嘗修之删之矣孰非至公之
所在哉故曰書者經中之史而春秋者史

中之經也後之作者類皆以尚書春秋爲宗愚未知其盡合否也是故馬遷之史記班固之漢書信一代良史矣然其先黃老而後六經進姦雄而羞貧賤遷亦不免於班固之議也謹文詞而畧事實否正直而不叙殺身成仁之美固亦無觧於范曄之譏也至若蜀漢之於吳魏帝王之正統在焉正作史者所當辯也而陳壽之志乃尊僭竊之瞞黜帝室之胄何名義之紊也又

以髠父之故而短孔明乞米之故而畧丁儀安得不爲春秋罪人哉宋祁諸子之作新唐書歐陽脩之作五代史信一代名筆矣然事增於前文省於舊自以爲工而不知其失之正坐是也劉元城之議是矣客得其藁以實自慶而不爲韓通立傳是猶未免於第二義也劉原父之譏當矣乃若宋之於遼金夷夏之大限存焉正作史者所當謹也而歐陽玄揭傒斯之徒乃附傳

玄輩之私情違楊廉夫等之公議何體統
之乖也徒知饕胡元之富貴不顧夷夏之
常經安得不爲千古穢史哉通鑑作於温
公以十九年刪削舉撮之勤紀上下一千
三百六十二年之事叙國家之興衰述民
生之休戚使觀者自擇以爲勸戒神宗謂
其有補於君天下而賜名資治者蓋有取
於此也若王仲淹作元經以續春秋君子
則謂南北未能相君臣也乃欲奪彼與此

斯亦僭矣而可以擬之春秋乎綱目作於文公綱倣春秋而兼採羣史之長目倣左氏而稽合諸儒之粹黜曹魏而進昭烈去武氏而紀中宗書楊雄以莽大夫書陶潛以晉徵士凡此之類凛乎春秋筆也故其自言曰熹為是書後之君子必有取焉蓋有見於此也若金履祥以典謨所載春秋所紀萃為通鑑前編君子則曰曾經聖人手議論安敢到則亦贅矣而可以班於綱

目乎昔曾子固曰古之所謂良史者其明
足以周萬事之理其道足以適天下之用
其智足以通難知之意其文足以發難顯
之情然後其任可得而稱也胡康侯曰序
先後之倫而典自此可惇秩上下之分而
禮自此可庸有德者必襃而善自此可勸
有罪者必貶而惡自此可懲遏人欲於橫
流存天理於既滅誠史外傳心之要典也
彼群史者果良史乎果要典乎果盡如聖

人之公乎又嘗論之三代以前之公在夫子故有書春秋三代以後之公在朱子故有綱目學者如欲為詞章史記漢書亦足矣苟欲明道舍書春秋與綱目何取哉然則作史評史之法宜無出於此者矣執事以為何如

第四問

章僑

同考試官教諭蔣 批 諷諫以感悟人主乃臣子

至願然或有時而直焉則甚非得已也此答能悉此意且宏博之才剛大之氣忠藎之心具見於此他日立朝殆將爲朝陽之鳳者乎

同考試官教諭盧　批　論諫者謂君臣不遇諷直皆無是用子獨不然豈以天下無不可爲之事耶

考試官教諭陳　批　議論侃侃而詞采英發非有得於理義者未必其言之若是也

考試官教授彭　批　規諫之義論辯極詳他日當路幸毋忘斯言

盛世之言昌而達叔世之言危而激君子事君至於以言也豈其所願欲哉不得已也古昔盛時君臣論議心通而氣舒上敬而下順浩浩乎其昌而達也叔世之言則志異而疑易生趣違而道難合君子不得不危而激也古之君人者知天下之慮無窮一己之見有限故自公卿至于工商無非得諫之人也自外朝達於內寢無非受諫之地也舜何人哉其責禹曰予違汝弼

汝無面從退有後言益之告舜曰儆戒無虞罔失法度罔遊于逸罔淫于樂此何等氣象也君子遇此不可謂不幸矣周禮有御史掌贊書而授法令不拘於諫也又有保氏掌諫王惡蓋責其保佑王躬以歸諸道也後世因之始置諫議大夫秦猶無常員也漢武帝更置諫大夫唐宋因之曰諫議曰補闕曰拾遺曰司諫曰正言皆諫官也時或增置員數亦或妙選時望以充之

而已由是諫以負定則得言者狹矣負以人定而能言者未必在其位也以此而欲聞天下之言難矣漢武有汲黯而不能盡用唐太宗有魏徵而未免終疑宋仁宗有孔道輔諸能言者而皆見貶責賢如三君者尚爾他又何望哉是知古之無諫官者無諫而無不諫也後之有諫官者有諫而有不諫矣大哉唐虞三代乎君臣上下精神孚契一吁咈間而肝膽相照也一訓誥

出而形跡俱忘也若宋之范鎮者勸仁宗以建儲章至於十九上而不止田錫者事太宗真宗以敢言使人主聚前後章疏於漆匣以遺諸後回視前古君臣固有間矣然仁宗不以鎮爲瀆真宗不以錫爲狂世之悻悻以拒諫著又二君之罪人也諫之體有五孔子則欲從諷諫孔子豈不欲直哉不若使言之者無罪而聞之者有感之兩全也此馮唐頗牧之論而文帝即有拊

髀之思魏徵獻陵之對而太宗遂有毀觀之感皆巽而入也佛骨之表雖正而憲宗之惑難開韓愈之行可悲矣天書之辯雖切而真宗之誣自若孫奭之計亦窮矣直諫者固有是哉諫之難有三呂伯恭之言也豈不以遠則勢不接而聽之難疎則情不通而入之難驟則理不究而信之難乎此賈誼之治安疏所以徒流滯於漢庭劉蕡之賢良策所以空激切於唐室長沙之

行誼固不負於文帝而下第以歸蕢獨歎服於應宿而已三難之說不其然乎亦有未盡然者唐羌小吏也蒼黃數言反能罷荔枝而蘇海南鄭俠門官也流民一圖卒能悟神宗而動天雨之二人者謂非遠且踈而驟耶由是觀之諫之有機機之有會三代而下固已然矣機會存乎君心而成敗利鈍存乎天意君也天也吾將謂之何哉吾唯盡吾義而已我

國家法古置官有給事中御史以任言責矣
猶未也其政治得失軍民利病許諸人直
言無隱則又著之律令播之
詔旨其言路亦廣矣舜之明四目達四聰不是
過者君子之於斯也其言可以昌而達矣
直可也諷可也遠而疎且驟無庸於慮也
雖然吾聞之范鎮曰置諫官者爲宗廟社
稷計也諫官而不以宗廟社稷計事君是
愛死嗜利之人臣不爲也斯言也可以責

其臣賈山曰開道而求諫和顏色而受之用其言而顯其身士猶恐懼而不敢盡又況於縱慾恣暴惡聞其過乎斯言也可以責其君君臣各任其責則上下交而泰可爲也唐魏徵對太宗云願爲良臣無爲忠臣故君人者宜使言者昌而達慎毋使其危而激

第五問

沈巘

同考試官學正林　批　時務一策正欲觀士子有用之學場中答者或錄問目或述舊詞間有能言者非泛則畧求其經畫有條可孚實用如此篇者絕少噫子其當世之俊傑歟他日有兵食之寄持此以往可也

考試官教諭陳　批　兵食不足憂在廟堂子欲提綱領以救其弊其知先天下之憂而憂者矣且詞藻煥發將來立朝當試目以觀其經濟

考試官教授彭　批　時務一策切中利病其學

心世故者耶

衛天下者兵也而安危不盡出於兵養天下者食也而存亡不盡倚於食蓋兵可以強天下而亦可以困天下食可以富天下而亦可以斃天下二者緣勢而為重輕重輕之所偏則危亡至矣知乎此可與言治天下矣請因明問而籌之昔者聖人取諸睽有弧矢之威以利天下則兵不可無也取諸益有耒耨之利以教天下則食不可

無也禹之誓衆而征三苗舜之命稷以播五穀未有帝王而不經綸於斯者也孔子足食足兵之言孟子田疇征伐之論未有聖賢而不講畫於斯者也但輕重本末之不紊耳後世則知重其所重而不知畏其所偏重故秦人始壞古制而為阡陌使先王之井田亡而車乘無出法上下始困於兵矣併使先王之賦稅亡而征歛無定法君民始困於食矣秦亡漢興此古法可復

之時也夫何高祖無復古之志羣臣非復古之才漢家自以南北羽林期門紀軍矣唐之府兵最爲近古未幾而彍騎之變不可止矣宋之兵統緒無據尤不足觀者也漢之田自經制之請不行而征賦旁午矣唐之均田猶有古意未幾而兼併之害不可藥矣宋之田賦官户過制尤多愈不可行者也夫漢唐宋創業之時乃以天下兵而定天下之城以天下食而給天下之用

君無縱慾也民少橫歛也曾何告急之有逮夫承平之日則子孫溺於驕奢權姦競於富貴犬馬而兵也魚肉而民也而二者之不足有由然矣我

祖宗袪胡元之陋而復中國之制兵雖分隷於衛所而調法則相機以興師即兵家三稱之遺意兵之制有攄也田雖多循乎前代而賦法則因地以起科有禹貢三壤之古法食之制可憑也然法久則弊弊則療宜

厪執事者之憂也豈不以燕安勝而不起之處漸多放逸久而積偷之弊已甚可不先爲之所哉周子曰識不早力不易也方今三邊之壘滿野四方之征載途兵無止期矣兵法曰興師十萬日費萬金可不加之慮乎水旱之災而野無青草追呼之煩而室如懸罄食無豐期矣王制曰無三年之蓄國非其國也可不念之深哉矧夏秋之稅輸於京者以數百萬計今則有一歲

不數十年不需之慮民財亦吾財何以濟
事之緩急耶衛所之隸載於籍者以百千
萬計今乃有影射權豪不閑弓馬之微土
兵固吾兵何以恐民之屠掠耶天下之勢
至此可謂厝火於積薪之下已然而未之
熾耳蘇軾曰兵有三弊漢兵雖不知農而
無聚食之弊唐兵雖聚而無無事而食之
弊宋兵則有漢唐之患而無漢唐之利乃
兼受其弊也今日得無坐宋兵之弊乎又

曰食有三計王制三十年之通計可以無
九年之飢者此萬世之計平居雖不虐取
有急不免厚賦此一時之計循無名暴橫
之征用衰世茍且之法有急則何以加之
此不終月之計也今日得無坐不終月之
計乎易曰振民育德蓋治蠱之道惟有治
已治人而已茲欲救之姑先正紀綱可也
君心天下之綱也我
皇上清心寡慾以安靜待天下之動然後求兵

食之紀綱而正焉曰慎將帥兵之綱也故命一將也必循咨衆會薦之舊格則諸軍無債帥之殘蠹此綱既正乃嚴黜放之條犯者不以官府而異罰重訓練之規教者必責攻守之實効自此以往兵紀漸理而兵可議矣曰正用度食之綱也故遇一事必思割股啗腹之至言則九式無不經之浪費此綱既正乃去官役之冗而倖竊之俸粮自革罷不急之工而侵漁之窠臼必

除自此以往食紀漸正而食可議也載專
任選求治兵治食之人才以壹明
祖宗之舊典則救偏補敝其庶幾乎若夫至當
不易經常可久之規尚別有要焉而未之
敢盡也

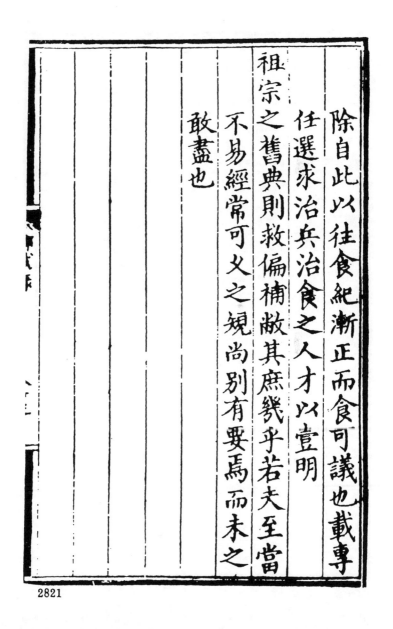

浙江鄉試錄後序

浙自七月不雨禱而雨入八月亢暑益驕炎熇熾烈煩鬱喘汗丙辰之朝入簾熱愈甚自御史藩臬之臣暨良山輩典試事者相顧爲予諸士憂夜一鼓雷電大作雨如注及

曉而後霽戊午試辛酉再試甲子又試凡三日天宇寥闊清風徐徐以來子諸士神爽氣舒咸罄厥長矣於是諸同事有颺言於坐者曰七八月之間旱則苗槁矣天油然作雲沛然下雨則苗浡然興之

矣其斯雨之謂乎艮山曰子何見之陋也斯雨祗農人之慰者耶曰殆非也方子諸士之游于學也呻吟佔畢退然吶然衆人觀之亦槁然耳一旦就試于斯吐胸臆之奇而書之大而天地約而性命顯

之爲綱常倫理散之爲興亡治亂之變華采焜燿所謂淵然之光蒼然之色足以濯江漢而暴秋陽者髣髴見焉其沛然斯雨之謂乎曰似矣然猶未也曰我知之矣子以謂凡士之舉于斯者皆將以需

天下國家之用者也方士之
始進也論高思遠行實守堅
傾天下而望之曰斯人也其
澤潤生民者乎一旦坐廟堂
輔
天子闔闢進退而四海之内舉茫
茫然以成焉其斯雨之謂乎

傅說起版築高宗命之相曰若歲大旱用汝作霖雨子以爲何如（艮山）拜曰子之言迴矣至矣不可以有加矣（艮山）蓋曰今兹之雨蓋天也

國家求士誠也主司者秉心而體其誠公也惟公惟誠天顧

翹然於下土者乎雖然子諸
士登庸之盛兆於是矣宋廷
唱進士及第至韓琦太史奏
五色雲見琦果以勳業顯斯
兩也得無似之然乎鄉試錄
旣成 艮山 謹敘其事綴之末
簡以告他日子諸士幸無忘

斯言

直隸淮安府山陽縣儒學教諭陳艮山謹序

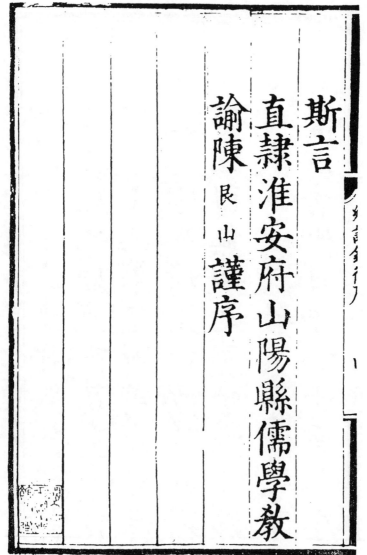